"十二五"职业教育国家规划教材

经全国职业教育教材审定委员会审定

高职高专经管类核心课教改项目成果系列

外贸会计实务

（第三版）

王红珠　主编

罗美娟　陶付华　副主编

科学出版社

北　京

内 容 简 介

本书根据最新颁布的《企业会计准则》、《企业财务通则》和《企业所得税法》，从外贸企业的行业特点和基本要求出发编写而成。全书涵盖了外贸会计的基本理论知识、外贸进出口业务、外贸税金业务、技术进出口业务的会计核算等内容。

全书共分八个项目，分别为外贸会计的意义与基本假设、外贸会计核算的基础知识、外汇基础知识、出口商品销售业务的核算、进口业务的核算、税金的核算、技术进出口业务的核算、外贸企业的财务报表，并在本书的末尾设置了一个模拟训练题库。每个项目均包含知识点、技能点、任务分解、内容导入、小结、思考与训练等内容。

本书既可作为高等职业院校会计类、国际贸易类学生的专业教材，也适合作为成人教育的教学用书，以及外经贸从业人员的培训用书。

图书在版编目（CIP）数据

外贸会计实务/王红珠主编. —3 版. —北京：科学出版社，2015
（"十二五"职业教育国家规划教材·高职高专经管类核心课教改项目成果系列）

ISBN 978-7-03-043014-4

Ⅰ. ①外…　Ⅱ. ①王…　Ⅲ. ①对外贸易－会计－高等职业教育－教材　Ⅳ. ①F740.45

中国版本图书馆 CIP 数据核字（2015）第 009047 号

责任编辑：田悦红　龚亚妮 / 责任校对：刘玉靖
责任印制：吕春珉 / 封面设计：一克米工作室

科学出版社 出版
北京东黄城根北街 16 号
邮政编码：100717
http://www.sciencep.com

三河市骏杰印刷有限公司印刷

科学出版社发行　各地新华书店经销

*

2009 年 2 月第　一　版　　开本：787×1092 1/16
2011 年 5 月第　二　版　　印张：10 3/4
2015 年 1 月第　三　版　　字数：252 000
2018 年 12 月第十九次印刷
定价：28. 00 元
（如有印装质量问题，我社负责调换〈骏杰〉）
销售部电话 010-62134988　编辑部电话 010-62135763-8007（VF02）

高职高专经管类核心课教改项目成果系列规划教材

编写指导委员会

序

改革开放以来，我国经济快速发展，经济总量不断增加，对从事经济活动的相关人才的需求空前高涨。社会对经济管理类人才的需求大体上可以划分为两大类。一类是从事理论研究，从宏观和微观角度研究社会经济发展和运行的总体规律，研究社会资源的最优配置及个人满足最大化等问题的学者。另一类是在各种经济领域中从事具体经济活动的职业人，他们是整个经济活动得以有效运行的基本元素，是在各自不同的领域发挥着使经济和各项业务活动稳定有序运行、规避风险、实现价值最大化的社会群体。从社会经济发展的实际情况来看，后一类人群应该是社会发展中需求数量最大的经济管理类人才。在上述两类人才的培养上，前者主要由普通本科以上的高等院校进行培养，后一类人才的培养工作从我国高等教育的现状来看，培养的主体主要为高等职业教育相关的院校。

高等职业教育经过近年来的迅猛发展，已经占据了我国高等教育的半壁江山。特别是自 2006 年教育部、财政部启动的国家示范性高等职业院校建设工作和教育部《关于全面提高高等职业教育教学质量的若干意见》（教高［2006］16 号）文件的颁布以来，我国的高等职业教育迸发出前所未有的激情和能量，开放式办学、校企合作、工学结合、生产性实训、顶岗实习等各项改革措施深入开展，人才培养模式改革、课程改革、教材改革、双师结构教学团队的组建、模拟仿真的实验实训环境的进入课堂等项教育教学改革不断推进，使我国高等职业教育得到了长足的发展，取得了令人瞩目的成绩，充分显示出高等职业教育在我国经济发展中的举足轻重的作用和不可替代的地位。

我们依托上述大背景，同时根据技术领域和职业岗位的任职要求，以学生的职业能力培养为核心，组织了全国在相关领域资深的专家和一线的教育工作者，并与行业企业联手，共同开发了这套"高职高专经管类核心课教改项目成果系列规划教材"。这套丛书覆盖了经管类的核心课程，以职业能力为根本，以工作过程为主线，以工作项目为载体进行了教材整体设计，突出学生学习的主体地位是本系列教材的突出特点。

当然，我们也应该看到，高等职业教育的改革有一个过程，今天我们所组织出版的这套教材，仅仅是这一过程中阶段性成果的总结和推广。我们坚信，随着课程改革的不断深入，本套教材也将以此为台阶，不断提升和改进。我们衷心地希望通过高质量教材的及时出版来推动教学，同时使本套教材在实际教学使用过程中不断完善和超越。

　　本套教材为全国财经类高职高专院校联协会和科学出版社的首次合作成果，是全国财经类高职高专院校联协会的推荐教材，适合全国各高职高专经济管理类专业使用。

周建松

外贸会计实务（第三版）

ii

第三版前言

本书 2009 年 2 月第一版出版，2011 年 5 月第二版出版，至今已五年多时间。尤其是第二版，我们实行理论、实践一体化，把"工作过程中的学习"和"课堂上的学习"整合为一个整体，以实践为导向，以"项目导向、任务引领"为主要载体，形成了一本优质的项目化教材。在使用期间，本书深受广大高职院校师生的欢迎，也得到很多院校会计专业教师的肯定，已加印多次。

2013 年 8 月，本书通过了教育部职业教育与成人教育司关于"十二五"职业教育国家规划教材的立项，成为第一批"十二五"职业教育国家规划教材。为了更好地满足外贸会计专业人才培养的需要和外贸企业会计人员岗位的需求，作者就第二版中的很多内容尤其是实训内容进行了修改，出版第三版。

本版教材仍采用项目化设计，力求以中小外贸企业的具体案例为叙述背景，增加实训内容，培养和提高学生外贸企业会计账务处理的实际操作能力。此次修订后，全书共分八个项目，结构合理，内容分布均匀，八个项目包括外贸会计的知识体系，每个项目均包括知识点、技能点、任务分解、内容导入、小结、思考与训练等内容，最后是根据实训需求添加的模拟训练题库。本教材建设团队除修订本教材外，还进行了配套教学大纲、授课计划、教学课件、教案、习题库及答案、训练题库及答案、模拟题库及答案等的教材资源建设。

王红珠教授对全书进行了总撰定稿。各项目由罗美娟副教授、陶付华讲师及行业专家许小强、陈世挺进行了修订。

由于编者学识水平和实践经验有限，书中难免有疏漏与不妥之处，敬请广大读者不吝赐教，以便进一步修改与提高。欢迎使用者提出宝贵的意见和建议。

王红珠
2014 年 8 月

第二版前言

本书自 2009 年 2 月出版以来,至今已使用两年多,深受广大高职院校师生的欢迎,也得到很多院校会计专业教师的肯定,出版社已加印多次。为了更好地满足外贸会计专业人才培养的需要和外贸企业会计人员岗位的需求,此次作者就第一版中的很多内容按照当前经济发展的形势做了修改,出第二版。

此次修改实行理论、实践一体化,把"工作过程中的学习"和"课堂上的学习"整合为一个整体,以实际为导向,以"项目导向、任务引领"为主要载体。全书共包括八个项目,结构合理,内容分布均匀,每个项目均包括知识点、技能点、任务分解、内容导入、小结、思考与训练等内容。这样的体例更符合当前职业教育的特点,既起到巩固学生所学理论知识、将理论运用于实践的作用,又有助于培养学生解决实际问题的综合能力。

王红珠、陶付华对全书进行了总撰定稿。各项目由第一版的作者进行了修订。

由于编者学识水平和实践经验有限,书中难免有疏漏与不妥之处,敬请广大读者不吝赐教,以便进一步修改与提高。欢迎使用者提出宝贵的意见和建议。

王红珠

2011 年 4 月

第一版前言

我国外贸企业的行业准入逐渐开放，外贸企业数量大幅度增加，拥有具备高素质、专业化的外经贸专业人才成为目前外贸企业的当务之急。本书正是基于这样的指导思想，根据最新颁布的《企业会计准则》、《企业财务通则》和《企业所得税法》的内容，从外贸企业的行业特点和基本要求出发组织编写的。

全书力图做到理论知识与实际操作紧密结合，并力求突出针对性、实践性、应用性、先进性和整体性。本书实行理实一体化，把"工作过程中的学习"和"课堂上的学习"整合为一个整体，以实际为导向，以"任务引领、项目导向"为主要载体。全书共包括八个部分，结构合理，详略得宜，每个项目均包括知识点、技能点、任务分解、内容导入、工作步骤、小结、思考与练习等内容。这样的编排既起到巩固学生所学理论知识、将理论运用于实践的作用，又有助于培养学生解决实际问题的综合能力。

本书由王红珠、陶付华任主编，罗美娟、甄国玲、李益鸿、马志坚任副主编。王红珠、陶付华对全书进行了总纂定稿。具体编写分工如下：王红珠担任项目一外贸会计的意义与基本假设内容的撰写工作，陶付华担任项目四出口商品销售业务的核算、项目七技术进出口业务的核算内容的撰写工作，罗美娟担任项目三外汇基础知识、项目六税金的核算知识的撰写工作，甄国玲担任项目五进口业务的核算的撰写工作，李益鸿担任项目二外贸会计核算的基础知识的撰写工作，马志坚担任项目八外贸企业的财务报表的撰写工作。

在本书的撰写过程中，编者参阅了大量的文献资料，在这里向相关作者一并表示衷心的感谢！

由于编者学识水平和实践经验有限，书中难免有疏漏与不妥之处，敬请广大读者不吝赐教，以便进一步修改与提高。

目 录

序

第三版前言

第二版前言

第一版前言

项目一　外贸会计的意义与基本假设 ·· 1

　　任务一　了解外贸会计的意义 ··· 2

　　　　（一）了解对外贸易的概念 ··· 2

　　　　（二）了解外贸会计的意义 ··· 2

　　任务二　明确企业会计的基本假设和会计信息质量要求 ······· 3

　　　　（一）明确企业会计基本假设的内容 ··································· 3

　　　　（二）明确会计信息质量的要求 ·· 5

　　任务三　明确外贸会计的对象和科目设置 ································· 6

　　　　（一）明确外贸会计的对象 ··· 6

　　　　（二）了解外贸企业经营活动的特点 ··································· 7

　　　　（三）了解外贸会计的科目设置 ·· 7

　　小结 ·· 9

　　思考与训练 ·· 10

项目二　外贸会计核算的基础知识 ·· 12

　　任务一　了解价格条件 ··· 13

　　　　（一）了解价格条件的概念 ··· 13

　　　　（二）明确 FOB 价格买卖双方的义务与风险 ····················· 13

　　　　（三）明确 CFR 价格买卖双方的义务与风险 ····················· 14

　　　　（四）明确 CIF 价格买卖双方的义务与风险 ······················ 15

　　任务二　明确国外运费、保险费和佣金的计算 ························ 16

　　　　（一）明确国外运费的计算 ··· 16

　　　　（二）明确国外保险费的计算 ·· 20

　　　　（三）明确佣金的计算 ··· 22

　　任务三　了解国际结算方法 ··· 22

　　　　（一）了解国际结算的概念 ··· 22

（二）了解汇付结算方法 23

（三）了解托收结算方法 25

（四）了解信用证结算方法 28

小结 30

思考与训练 31

项目三　外汇基础知识 33

任务一　了解外汇相关知识 34

（一）了解外汇的内容 34

（二）了解外汇的种类 34

（三）了解外汇管制的内容 35

任务二　了解外汇业务核算的内容 38

（一）明确记账本位币的概念 38

（二）了解外汇业务的汇率 39

（三）明确外币账户的设置 43

任务三　掌握外汇汇兑损益的核算 44

（一）明确汇兑损益的概念 44

（二）了解汇兑损益产生的原因 44

（三）明确汇兑损益的确认方法 44

（四）明确汇兑损益的确认原则 45

（五）汇兑损益核算举例 45

小结 48

思考与训练 48

项目四　出口商品销售业务的核算 51

任务一　了解出口商品销售业务的相关知识 52

（一）了解出口商品销售业务的意义 52

（二）明确出口商品销售业务的种类 52

（三）了解出口商品销售业务的程序 53

任务二　明确自营出口销售业务的核算 53

（一）了解自营出口销售业务的相关知识 53

（二）明确自营出口销售正常业务的核算 54

（三）明确自营出口销售其他业务的核算 56

任务三　明确代理出口业务的核算 59

（一）了解代理出口业务的相关知识 59

（二）明确代理出口业务的核算 59

任务四　明确加工贸易出口的核算 61

（一）了解加工贸易与保税 61

（二）明确进料加工的会计核算 ·· 63

（三）明确来料加工的会计核算 ·· 64

小结 ·· 67

思考与训练 ··· 67

项目五　进口业务的核算 ··· 72

任务一　了解进口商品经营业务的相关知识 ···································· 73

（一）了解进口商品销售业务的意义 ··· 73

（二）明确进口业务的种类 ·· 73

（三）了解进口业务的程序 ·· 74

任务二　明确自营进口业务的核算 ··· 75

（一）明确自营进口商品采购成本的构成 ··································· 75

（二）明确自营进口商品购进业务的核算 ··································· 76

（三）明确自营进口商品销售的正常业务核算 ···························· 77

（四）明确自营进口商品销售的其他业务核算 ···························· 80

任务三　明确代理进口业务的核算 ··· 83

（一）了解代理进口业务的相关知识 ··· 83

（二）明确代理进口业务的核算 ·· 84

任务四　了解进口付汇核销制 ··· 85

（一）了解进口付汇核销制的意义 ·· 85

（二）了解进口付汇核销制流程 ·· 86

（三）了解外汇核销监管 ·· 86

小结 ·· 87

思考与训练 ··· 88

项目六　税金的核算 ··· 91

任务一　了解进出口税金的意义和种类 ··· 92

（一）了解税金核算的意义 ·· 92

（二）了解外贸企业税金的种类 ·· 92

任务二　明确税金的核算 ··· 92

（一）明确关税的核算 ··· 92

（二）明确增值税的核算 ·· 95

（三）明确消费税的核算 ·· 96

（四）明确营业税的核算 ·· 96

任务三　明确出口货物退（免）税核算 ··· 96

（一）了解出口货物退（免）税的相关知识 ······························· 96

（二）了解我国出口货物退（免）税的政策规定 ························· 97

（三）明确一般出口货物退（免）税的核算 ······························ 102

小结 ·· 104

思考与训练 ·· 104

项目七　技术进出口业务的核算 ································ 107

　　任务一　了解技术进出口业务的概念 ···················· 108

　　　　（一）了解技术进出口的概念 ························· 108

　　　　（二）了解我国技术进出口管理的政策 ············ 109

　　任务二　明确技术进出口的税务 ·························· 109

　　　　（一）了解我国技术进出口税务的相关知识 ······· 109

　　　　（二）明确技术进出口税务的核算 ·················· 110

　　任务三　技术进口的账务处理 ···························· 111

　　　　（一）明确技术进口成本的构成 ····················· 111

　　　　（二）明确支付技术使用费的会计核算 ············ 111

　　任务四　技术出口的账务处理 ···························· 113

　　　　（一）明确企业提供技术服务的会计核算 ········· 113

　　　　（二）明确企业技术转让的会计核算 ··············· 114

小结 ·· 115

思考与训练 ·· 115

项目八　外贸企业的财务报表 ··································· 117

　　任务一　掌握对外报表 ····································· 118

　　　　（一）明确资产负债表的编制 ······················· 118

　　　　（二）明确利润表的编制 ····························· 125

　　　　（三）明确现金流量表的编制 ······················· 130

　　任务二　掌握对内报表 ····································· 138

　　　　（一）了解主要进口商品销售成本及盈亏表 ······· 138

　　　　（二）了解主要出口商品销售成本及盈亏表 ······· 139

小结 ·· 140

思考与训练 ·· 141

模拟训练题库 ·· 146

参考文献 ··· 154

项目一

外贸会计的意义与基本假设

知识点

通过本项目相关知识的学习，学生了解和掌握以下知识点：
外贸会计的基本概念和意义；会计的基本假设和信息质量要求；
外贸会计核算的对象和会计科目设置；对外贸会计有总体认识。

技能点

通过本项目知识点的学习、总结和运用，学生掌握以下技能
点：通过学习企业会计基本假设，能够从企业的角度去明确会计
反映和核算的前提；通过学习外贸会计科目设置，能够掌握外
贸企业会计和一般商品流通企业会计在科目设置上的区别。

任务分解

1）了解外贸会计的意义。

2）明确企业会计的基本假设和会计信息质量要求。

3）明确外贸会计的对象和科目设置。

内容导入

随着我国改革开放的不断深化，外贸领域在国家外汇创收、进口付汇过程中的作用越发重要。外贸企业的行业性质决定了其会计核算的内容与一般商品流通企业的会计核算存在较大差异。因此，作为外贸企业的财务工作者，必须研究、学习和熟悉外贸活动的财会问题。

任务一　了解外贸会计的意义

（一）了解对外贸易的概念

对外贸易（foreign trade）是指一个国家或地区与其他国家或地区进行商品和劳务交换的活动。2001 年 12 月，我国正式成为世界贸易组织（WTO）的成员，伴随着改革开放的不断深入，对外贸易在促进劳动生产率的提高、生产要素的充分利用和资源的有效配置，降低生产成本，实现规模经济效益，创造就业机会，带动相关部门的发展和提高国民的多样化消费水平等方面发挥着越来越重要的作用。

外贸企业（foreign trade enterprise）是从事对外贸易业务的行业，它是连接国内市场与国际市场的纽带，是国民经济的一个重要部门。

（二）了解外贸会计的意义

外贸会计（foreign trade accounting）是指以货币为计量单位，对外贸企业的经济活动信息通过收集、加工，提供会计信息并为企业取得最佳经济效益，对经济活动进行控制、分析、预测和决策的一种经济管理活动。会计作为国际通用的"商业语言"，必须要真实客观地反映外贸企业各项商品、财产和资金的增减变动情况，及时、准确、系统地核算和记录进出口贸易的收入、成本、费用、支出、利润的形成和分配情况，并充分发挥会计在外贸企业经济管理活动中的重要作用。外贸会计的意义具体表现在以下几个方面。

（1）全面、正确、及时地反映和监督外贸企业的经营成果，为外贸企业加强管理、进一步参与国际竞争提供可靠的信息

外贸会计通过运用会计的各种专门方法，全面、正确地反映外贸企业的资产状况、经营成果和现金流量。利用日常的会计核算资料与定额预算资料进行分析对比，揭露矛盾，找出差距，及时向会计信息使用者提供会计信息，以利于会计信息使用者作出科学的决策，不断提高外贸企业的经营管理水平和参与国际竞争的能力，不断降低出口商品的成本和费用，为提高外贸企业出口创汇能力服务。

（2）反映和监督外贸企业对财经政策、法令和制度的执行情况，促使外贸企业严格执行有关政策、法令和制度，遵守财经纪律

贯彻执行国家有关政策、法令和制度，是一切单位进行经济活动的原则。因此，外贸企业在反映经济活动、提供会计信息的同时，必须严格按照有关政策、法令和制度，对发生的经济业务进行合法性、合规性的审查，检查企业在经济活动中是否符合有关规定，是否存在违反财经纪律的行为。对于在经济活动中的违法乱纪行为，应及时予以制止和披露。同时在办理经济业务的活动中，还要积极做好有关政策、法令和制度以及遵守财经纪律的宣传工作，从而促使外贸企业认真贯彻执行财经政策和制度，严格遵守财经纪律，不断提高外贸企业的政策管理水平。

（3）反映和监督外贸企业各项财产物资的保管和使用情况，保护外贸企业财产物资的安全和完整

外贸企业的各项财产物资是组织外贸企业经济活动的物资基础。会计人员必须正确反映和监督外贸企业财产的增减变动情况，建立健全各种财产物资的管理制度，对于一切货币资金的收支业务、财产物资的增减情况、债权和债务的发生和清算情况，都必须及时反映和监督，做到账实相符、账账相符。要建立健全岗位责任制，防止财产物资积压、浪费、损坏、丢失及贪污盗窃等现象发生，从而保证企业财产物资的安全和完整。

（4）反映和监督外贸企业外汇收支情况，做到迅速收汇，合理付汇，维护国家和企业的利益

外贸企业面临国际和国内两个市场，需要使用不同货币进行结算。根据外贸企业资金运动的特点，外贸会计还必须及时、正确地反映和监督外贸企业在进出口贸易活动中的外汇收支情况，在进出口业务中做到合理付汇，确保安全迅速地收汇。因此，对有关单证必须严格审查，对符合有关规定的款项应及时、合理地付汇；对于不符合有关规定的支付款项，不能盲目付汇，防止给企业造成损失，从而维护国家和企业的利益。

任务二　明确企业会计的基本假设
和会计信息质量要求

（一）明确企业会计基本假设的内容

会计基本假设是企业会计确认、计量和报告的前提，是对会计核算所处时间、空间环境等所做的合理假设。会计基本假设包括会计主体、持续经营、会计分期

和货币计量。

（1）会计主体

会计主体是指企业会计确认、计量和报告的空间范围。在会计主体假设的前提下，企业应当对其本身发生的交易或事项进行确认、计量和报告，反映企业本身所从事的各项生产经营活动。明确界定会计主体是开展会计确认、计量和报告工作的重要前提。具体表现如下：

首先，明确会计主体，才能划定会计所要处理的各项交易或事项的范围。会计核算中涉及的资产、负债的确认，收入的实现，费用的发生等，都是针对特定会计主体而言的。

其次，明确会计主体，才能将会计主体的交易或事项与会计主体所有者的交易或事项以及其他会计主体的交易或事项区分开来。

（2）持续经营

持续经营是指在可以预见的将来，企业将会按照当前的规模和状态持续经营下去，不会停业，也不会大规模削减业务。在持续经营假设的前提下，企业进行确认、计量和报告就应当以持续经营为前提。明确这一基本假设，就意味着会计主体将按照既定的用途使用资产，按照既定的合约清偿债务，同时会计人员就可以在此基础上选择会计政策和估计方法。

如果一个企业在不能持续经营时还假定企业能够持续经营，并仍按持续经营的基本假设选择会计核算的原则和方法，这就不能客观地反映企业的财务状况、经营成果和现金流量，从而误导财务报告使用者进行经济决策。

（3）会计分期

会计分期是指将一个企业持续经营的生产经营活动期间划分为若干连续的、长短相同的期间。会计分期的目的在于通过会计期间的划分，将持续经营的生产经营活动期间分成连续、相同的期间，据以结算盈亏，按期编报财务报告，从而及时向财务报告使用者提供有关企业财务状况、经营成果和现金流量的信息。在会计分期假设的前提下，企业应当划分会计期间，分期结算账目和编制财务报告。会计期间分为年度和中期。年度和中期均按公历起讫日期确定。中期是指短于一个完整的会计年度的报告期间。

（4）货币计量

货币计量是指会计主体在进行确认、计量和报告时，以货币计量反映会计主体的财务状况、经营成果和现金流量。在会计的确认、计量和报告过程中选择货币作为基础进行计量，是由货币本身的属性决定的。但货币计量也存在一定的缺陷，例如，某些影响企业财务状况的因素（如经营战略、市场竞争力等）往往难以用货币来计量，但这些信息对于使用者决策却很重要。为此，企业可以在财务报告中补充披露有关非财务信息来弥补这些缺陷。

（二）明确会计信息质量的要求

会计信息质量要求是对企业财务报告中所提供的会计信息质量的基本要求，是财务报告中所提供会计信息对使用者决策有用所应具备的基本特征，具体包括可靠性、相关性、可理解性、可比性、实质重于形式、重要性、谨慎性和及时性等。

（1）可靠性

可靠性要求企业应当以实际发生的交易或事项为依据进行会计确认、计量和报告，如实反映符合确认和计量要求的各项会计要素及其他相关信息，保证会计信息真实可靠、内容完整。

（2）相关性

相关性要求企业提供的会计信息应当与财务报告使用者的经济决策需要相关，有助于财务报告使用者对企业过去、现在或者未来的情况作出评价或预测。

相关的会计信息应当有助于使用者评价企业过去的决策，证实或者修正过去的有关预测，因而其具有反馈价值；相关的会计信息还应当具有预测价值，有助于使用者根据财务报告所提供的会计信息预测企业未来的财务状况、经营成果和现金流量。

（3）可理解性

可理解性要求企业提供的会计信息应当清晰明了，便于财务报告使用者理解和使用。企业编制财务报告、提供会计信息的目的在于使用，而要使使用者有效使用会计信息，应当能让其理解会计信息的内涵，弄懂会计信息的内容，这就要求财务报告所提供的会计信息清晰明了，易于理解。

（4）可比性

可比性要求企业提供的会计信息具有可比性，具体包括如下要求：

1）为了便于使用者理解企业财务状况和经营成果的变化趋势，比较企业在不同时期的财务报告信息，从而全面、客观地评价过去、预测未来，会计信息质量的可比性要求同一企业对于不同时期发生的相同或者相似的交易或事项，应当采用一致的会计政策，不得随意变更。

2）为了便于使用者评价未来不同企业的财务状况、经营成果水平及其变动情况，从而有助于使用者作出科学合理的决策，会计信息质量的可比性还要求不同企业发生的相同或相似的交易或者事项，应当采用规定的会计政策，确保会计信息口径一致、相互可比。

（5）实质重于形式

实质重于形式要求企业按照交易或事项的经济实质进行会计确认、计量和报告，而不应仅以交易或事项的法律形式为依据。如果企业仅仅以交易或者事项的法律形式为依据确认、计量和报告，那么就容易导致会计信息失真，无法如实地反映客观经济现实。

（6）重要性

重要性要求企业提供的会计信息应当反映与企业财务状况、经营成果和现金流量有关的重要交易或事项。企业会计信息的省略或者错报会影响使用者据此作出经济决策，该信息就具有重要性。重要性的应用需要依赖职业判断，企业应当根据所处环境和实际情况，从项目的性质和金额大小两方面来判断其重要性。

（7）谨慎性

谨慎性要求企业对交易或事项进行会计确认、计量和报告时应当保持应有的谨慎，不应高估资产或者收益以及低估负债或者费用。谨慎性要求企业在面临不确定因素的情况下作出职业判断时，应保持应有的谨慎，充分估计到各种风险和损失，既不高估资产或收益，也不低估负债或费用。

（8）及时性

及时性要求企业对于已经发生的交易或者事项，应当及时进行会计确认、计量和报告，不得提前或者延后。在会计确认、计量和报告过程中贯彻及时性，一是要求及时收集会计信息，二是要求及时处理会计信息，三是要求及时传递会计信息。

任务三　明确外贸会计的对象和科目设置

（一）明确外贸会计的对象

会计的对象是指会计所要反映和监督的内容。会计的对象就是企业在再生产过程中能以货币表现的经济活动，也就是企业在再生产过程中的资金运动。外贸企业的会计对象，就是外贸企业在进出口商品流转过程中的资金运动。

外贸企业与国内商品流通企业都从事组织商品流通，包括进口和出口两种业务经营过程，使用本币与外币两种以上货币。因而在进出口经营活动中，外贸企业要将出口商品销售所得外汇按照国家规定与银行结汇，而在进口经营活动中，又要用人民币向银行购买外汇以支付货款。因此，外贸企业在其资金循环过程中所特有的本币与外币之间的不断转换的过程，形成了外贸企业资金运动的特殊性。进出口业务资金运动如图1.1所示。

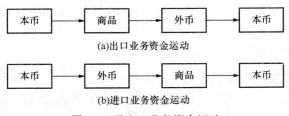

(a)出口业务资金运动

(b)进口业务资金运动

图1.1　进出口业务资金运动

值得注意的是，由于外贸会计对象的特殊性，决定了外贸会计主要在以下几方面不同于商品流通企业会计。

1）外贸企业无论出口经营活动还是进口经营活动，涉及的外币债权债务关系均需通过外汇结算，因而企业有关外汇的账簿应按复币式设计并登记，以达到同时核算人民币与外币的目的。

2）在实际结汇时，由于外币与本币的汇率经常发生变动，因而会出现汇兑损益问题。所以，对汇兑损益的核算和处理，形成了外贸会计的一大特色。

3）外贸企业的出口退税政策，有利于优化产业结构，推进进出口贸易的均衡发展。所以，出口退税会计核算也是外贸企业会计的另一大特点。

（二）了解外贸企业经营活动的特点

外贸企业日常经营活动主要包括出口和进口。出口是指从国内收购商品向国外（或境外）销售以换取外汇；进口是指用外汇从国外（或境外）购进商品以满足国内需要。因此，对于外贸企业来说，无论是出口还是进口都有其对内的一面和对外的一面，故外贸企业的经营活动兼具以下两个主要特点：

（1）面临着国内和国际两个市场

中国成为WTO的正式成员国，为外贸企业提供了良好的发展机遇。但是，由于各国与各地区之间的市场环境和法律环境存在较大差异，外贸企业所面临的国内、国际经贸环境、法律环境必然会发生较大的变化，企业之间的竞争也会更加激烈。

（2）在国际结算中需要同时使用本币和外币

在我国现行的外汇管制体制下，尽管企业已有一定的经营自主权，但进出口业务都有一个结汇问题，无论是进口业务还是出口业务都需要同时使用本币和外币，外汇收支、外汇交易和外币折算等业务量较大。

（三）了解外贸会计的科目设置

外贸会计的会计科目设置分为资产类、负债类、所有者权益类以及损益类四类。同时，结合外贸企业的经营活动特点，还增加了一些必要的会计科目。外贸企业应设置的会计科目表，如表1.1所示。

表1.1　外贸企业会计科目表

顺序号	编　号	名　　称	顺序号	编　号	名　　称
		一、资产类	2	100202	* 外币存款
1	1001	库存现金	3	1009	其他货币资金
2	1002	银行存款	4		
	100201	* 本币存款	5		

顺序号	编号	名　称	顺序号	编号	名　称
6	1111	应收票据	40		
7	1121	应收股利	41	1901	长期待摊费用
8	1122	应收利息	42	1911	待处理财产损溢
9	1131	应收账款			二、负债类
10	1132	* 应收外汇账款	43	2101	短期借款
11	1133	其他应收款	44	2102	* 短期外汇借款
12	1141	坏账准备	45	2111	应付票据
13	1151	预付账款	46	2121	应付账款
14	1152	* 预付外汇账款	47	2122	* 应付外汇账款
15			48		
16	1201	材料采购	49	2131	* 预收外汇账款
17	1211	原材料	50	2141	代销商品款
18	1221	周转材料	51	2151	应付职工薪酬
19			52	2161	应付股利
20	1244	库存商品		2171	应交税费
21	1245	* 待运和发出商品	53	217101	应交增值税
22	1251	委托加工物资		217102	未交增值税
23	1261	委托代销商品	54		
24	1271	受托代销商品	55	2181	其他应付款
25	1281	存货跌价准备	56		
26	1291	发出商品	57	2301	长期借款
27	1401	长期股权投资	58	2302	* 长期外汇借款
28	1402	持有至到期投资	59	2311	应付债券
29	1421	长期股权投资减值准备	60	2321	长期应付款
30			61	2331	专项应付款
31	1501	固定资产	62		
32	1502	累计折旧			三、所有者权益
33	1505	固定资产减值准备	63	3101	实收资本（或股本）
34	1601	工程物资	64	3111	资本公积
35	1603	在建工程	65	3121	盈余公积
36	1605	在建工程减值准备	66	3131	本年利润
37	1701	固定资产清理	67	3141	利润分配
38	1802	无形资产			四、损益类
39	1805	无形资产减值准备	68	5101	主营业务收入

顺序号	编号	名　　称	顺序号	编号	名　　称
68	510101	＊自营出口销售收入		5406	其他业务成本
	510102	＊自营进口销售收入	74	540601	＊来料加工出口销售成本
69	5102	其他业务收入		540602	＊进料加工出口销售成本
	510201	＊来料加工出口销售收入		540603	＊援外出口销售成本
	510202	＊进料加工出口销售收入		540604	＊易货贸易销售成本
	510203	＊援外出口销售收入	75	5501	销售费用
	510204	＊易货贸易销售收入	76	5502	管理费用
70	5201	投资收益	77	5503	财务费用
71	5301	营业外收入	78	5504	＊汇兑损益
72	5401	主营业务成本	79	5601	营业外支出
	540101	＊自营出口销售成本	80	5701	所得税费用
	540102	＊自营进口销售成本	81	5801	以前年度损益调整
73	5405	营业税金及附加			

注：科目编号及名称基本按《企业会计制度》规定编排；科目前带"＊"号的，是根据外贸企业特点而增设的。

小　结

● 外贸会计是指以货币为计量单位，对外贸企业的经济活动信息通过收集、加工，提供会计信息，并为企业取得最佳经济效益，对经济活动进行控制、分析、预测和决策的一种经济管理活动。其意义主要表现在：全面、正确、及时地反映和监督外贸企业的经营成果；反映和监督外贸企业对财经政策、法令和制度的执行情况；反映和监督外贸企业各项财产物资的保管和使用情况；反映和监督外贸企业外汇收支情况。

● 会计基本假设是企业会计确认、计量和报告的前提，是对会计核算所处时间、空间环境等所作的合理假设。会计基本假设包括会计主体、持续经营、会计分期和货币计量。

● 会计信息质量要求是对企业财务报告中所提供的会计信息质量的基本要求，是使用财务报告中所提供会计信息对使用者决策有用所应具备的基本特征，它包括可靠性、相关性、可理解性、可比性、实质重于形式、重要性、谨慎性和及时性等。

● 会计的对象是指会计所要反映和监督的内容。会计的对象就是企业在再生产过程中能以货币表现的经济活动，也就是企业在再生产过程中的资金运动。外贸企业的会计对象，就是外贸企业在进出口商品流转过程中的资金运动。

● 外贸企业日常经营活动主要包括出口和进口。外贸企业的经营活动具有两个主要特点：一是面临着国内和国际两个市场；二是在国际结算中需要同时使用本币和外币。

思考与训练

一、复习思考题

1. 外贸会计的意义主要表现在哪几个方面？
2. 什么是会计基本假设？会计基本假设包含哪几个方面的内容？
3. 会计信息质量应遵循哪些要求？
4. 外贸会计的对象是什么？
5. 外贸企业日常经营活动具有哪些特征？
6. 举例说明外贸会计科目设置与一般企业会计科目设置的区别。

二、客观训练题

（一）选择题

1. 下列事项中，不属于反映"会计信息质量要求"的是（　　）。

    A. 客观性　　　　　B. 可比性　　　　　　C. 实质重于形式　　D. 历史成本

2. 确立会计核算空间范围所依据的会计基本假设是（　　）。

    A. 会计主体　　　B. 持续经营　　　　　C. 会计分期　　　　　D. 货币计量

3. 会计核算将以融资租赁方式租入的资产视为企业的资产，所反映的会计信息质量要求的是（　　）。

    A. 实质重于形式　　　　　　　　　　B. 谨慎性

    C. 相关性　　　　　　　　　　　　　D. 及时性

4. 企业提供的会计信息应当反映与企业财务状况、经营成果和现金流量等有关的所有重要交易或事项，所反映的是会计信息质量要求中的（　　）。

    A. 重要性　　　　B. 实质重于形式　　C. 谨慎性　　　　　D. 及时性

5. 企业对交易或者事项进行会计确认、计量和报告应当保持应有的谨慎，不应高估资产或者收益以及低估负债或者费用，所反映的是会计信息质量要求中的（　　）。

    A. 重要性　　　　B. 实质重于形式　　C. 谨慎性　　　　　D. 及时性

6. 企业对于已经发生的交易或者事项，应当及时进行会计确认、计量和报告，不得提前或者延后，所反映的是会计信息质量要求中的（　　）。

    A. 重要性　　　　B. 实质重于形式　　C. 谨慎性　　　　　D. 及时性

7. 下列对会计核算基本前提的表述恰当的是（　　）。

    A. 持续经营和会计分期确定了会计核算的空间范围

    B. 一个会计主体必然是一个法律主体

    C. 货币计量为会计核算提供了必要的手段

    D. 会计主体确认了会计核算的时间范围

8. 企业应当按照交易或事项的经济实质进行会计确认、计量和报告，不应仅以交易或事项的法律形式为依据，所反映的是会计信息质量要求中的（　　）。

  A．重要性　　 B．实质重于形式　　 C．谨慎性　　 D．及时性

（二）判断题

1．外贸企业和一般商业企业同处于商品流通领域，因此，外贸企业经营资金的循环与一般商品流通企业没有差异。　　　　　　　　　　　　　（　　）

2．外贸企业的经营活动具有的两个主要特点是面临着国内和国际两个市场、在国际结算中需要同时使用本币和外币。　　　　　　　　　　　　（　　）

外贸会计核算的基础知识

知识点

通过本项目相关知识的学习，学生了解和掌握以下知识点：国际贸易的价格条件，即 FOB、CIF、CFR；国际贸易中运费、保险费、佣金的计算；国际贸易结算的知识，即汇付、托收、信用证。

技能点

通过对本项目知识的学习、总结和运用，学生掌握以下技能点：通过学习国际贸易的基础知识，能够对国际贸易的价格条件有一定的认识，了解 FOB、CIF、CFR 之间的异同；通过学习运费、保险费和佣金的计算，能了解国际贸易的价格计算；通过对国际结算工具的学习，对汇付、托收和信用证有一定的了解。

任务分解

在学习外贸会计核算方法之前，必须先明确相关的基础知识，完成以下任务：

1) 了解价格条件。

2) 明确国外运费、保险费和佣金的计算。

3) 了解国际结算方法。

内容导入

国际贸易是一个国家贸易的重要组成部分，因此对国际贸易基础知识的了解对于外贸会计就显得十分重要。外贸企业的每笔贸易都要遵循国际贸易惯例的制约。国际贸易基础知识是外贸会计的基石。

任务一　了解价格条件

（一）了解价格条件的概念

国际货物买卖是一个非常生动、活跃的过程。贸易价格条件是在长期的贸易实践过程中形成的。由于进行每一笔贸易时都会涉及诸如由何方办理进口/出口手续，由何方洽租运输工具、装卸货物、办理保险、申领进/出口许可证、报关等，以及在办理这些手续过程中费用的支付、运输过程中的风险如何划分等问题，于是在长期的实践中，买卖双方在逐步达成共识的基础上，使用简短的概念或若干字母的缩写来说明贸易双方的责任、费用和风险的划分。这种简短的说明通常和价格结合在一起使用，成为价格的组成部分，这就是人们熟知的贸易条件（terms of trade，TOT），又称为价格术语（price terms），如 FOB 价、CFR 价、CIF 价等。

目前，我国的国际贸易货物大都是通过海洋运输出口或进口的。海洋运输中最经常使用的贸易术语有 FOB（free on board，装运港船上交货）价、CFR（cost and freight，成本加运费）价和 CIF（cost, insurance and freight，成本、保险费加运费）价。

近年来，我国的国际贸易合同中出口以 FOB 价格条件成交，进口以 CIF 价格条件成交的比例逐渐增多，甚至超过了贸易额本身的增长幅度。究其原因，我们发现，不少中国卖方/买方认为，出口以 FOB 价成交，进口以 CIF 价成交，卖方/买方比较省事，可以省却耗费在订船/舱、买保险等环节上的诸多精力及费用，全力以赴做好与贸易本身有关的工作。

（二）明确 FOB 价格买卖双方的义务与风险

FOB——船上交货（指定装运港），是指当货物在指定的装运港越过船舷，卖方即完成交货。应注意的是买方在卖方交货后承担货物灭失或损坏的一切风险。FOB 要求卖方办理出口清关手续。FOB 的适用范围是海运或内河运输。

1. 买卖双方的基本义务

（1）卖方基本义务

1）负责在合同规定的装运日期内，在指定装运港，将符合合同规定的货物装到买方指派的船上并及时通知买方货物已装船。

2）承担货物在装运港越过船舷时为止的一切费用和风险。

3）办理出口清关手续，提供出口需要的出口许可证等各种证件。

4）向买方提交约定的各项单证或具有相等效力的电子数据交换信息（EDI message）。

（2）买方基本义务

1）按时租妥船舶或订好船舱开往约定的装运港口接运货物，支付运费并给予卖方船名、装船日期和装货地点的充分通知。

2）承担货物越过装运港船舷后的一切费用以及货物灭失或损坏的一切风险。

3）按合同规定办理货物进口的一切手续，收取卖方交付的货物，接受与合同相符的单据。

4）按合同规定支付货款。

5）负责办理保险，支付保险费。

2．风险划分的界限

"装上船"是 FOB 合同买卖双方划分风险的分界线。"装上船"为货物从装运港岸上起吊并越过船舷就应当认定为已装船，并且货物灭失或风险从卖方转移到买方。

FOB 合同中的买方要求卖方提交"清洁已装船提单"（clean shipped bill of lading）。

（三）明确 CFR 价格买卖双方的义务与风险

CFR——成本加运费（指定目的港），是指在装运港货物越过船舷卖方即完成交货，卖方必须支付将货物运至指定的目的港所需的运费和费用。但交货后货物灭失或损坏的风险以及由于各种事件造成的任何额外费用，由卖方转到买方。

与 FOB 一样，CFR 属于装运港交货，货物风险的划分，也以装运港船舷为界。

1．买卖双方的基本义务

（1）卖方基本义务

1）负责在合同规定的装运日期内，在指定装运港，将符合合同规定的货物装到船上并及时通知买方货物已装船。

2）承担货物在装运港越过船舷时为止的一切费用和风险。

3）办理出口清关手续，提供出口需要的出口许可证等各种证件。

4）向买方提交约定的各项单证或具有相等效力的电子数据交换信息。

5）负责租船或订舱并支付至目的港的运费。

（2）买方基本义务

1）承担货物越过装运港船舷后的一切费用以及货物灭失或损坏的一切风险。

2）按合同规定办理货物进口的一切手续，收取卖方交付的货物，接受与合同相符的单据。

3）按合同规定支付货款。

4）负责办理保险，支付保险费。

2. 注意事项

按 CFR 条件成交时，由卖方安排运输，由买方办理货运保险，做好买卖双方的衔接工作十分重要。卖方装船后务必及时向买方发出装船通知，否则，卖方应承担货物在运输途中的风险损失。

（四）明确 CIF 价格买卖双方的义务与风险

CIF——成本、保险费加运费，是指在装运港当货物越过船舷时，卖方即完成交货。

卖方必须支付将货物运至指定的目的港所需的运费和费用。但交货后货物灭失或损坏的风险以及由于各种事件造成的任何额外费用，由卖方转到买方。在 CIF 条件下，卖方还必须办理买方货物在运输途中灭失或损坏风险的海运保险。

CIF 只要求卖方投保最低限度的保险险别。

CIF 属于装运交货，而不是目的港交货，也就是说 CIF 不是"到岸价"。

1. 买卖双方的基本义务

（1）卖方的基本义务

1）负责在合同规定的装运日期内，在指定装运港，将符合合同规定的货物装到船上并及时通知买方货物已装船。

2）承担货物在装运港越过船舷时为止的一切费用和风险。

3）办理出口清关手续，提供出口需要的出口许可证等各种证件。

4）向买方提交约定的各项单证或具有相等效力的电子数据交换信息。

5）负责租船或订舱并支付至目的港的运费。

6）负责办理货物运输保险，支付保险费。

（2）买方的基本义务

1）承担货物越过装运港船舷后的一切费用以及货物灭失或损坏的一切风险。

2）按合同规定办理货物进口的一切手续，收取卖方交付的货物，接受与合同相符的单据。

3）按合同规定支付货款。

2. 注意事项

按 CIF 条件成交时，由卖方安排运输并办理货运保险。CIF 属于象征性的交货。卖方装船后务必及时向买方发出装船通知，否则，卖方应承担货物在运输途中的风险损失。

任务二 明确国外运费、保险费和佣金的计算

（一）明确国外运费的计算

1. 普通班轮运费的计算

班轮运费是由基本运费和各项附加运费组成的，其计算公式为

$$F = F_b + \sum S$$

式中，F 表示运费总额；F_b 表示基本运费额；S 表示某一项附加费。

（1）在没有任何附加费情况下的运费计算公式

此计算公式为

$$F = f \cdot Q$$

式中，f 表示基本运价；Q 表示计费吨。

【例 2.1】 上海某公司向日本出口鸡肉 23 吨，共需装 1 200 箱，每箱毛重 20 千克，每箱体积为 20 厘米×20 厘米×25 厘米。原对日本报价每箱 FOB 20 美元，日商回电要求改报 CFR 神户。该货物对应的上海到神户航线的运价为 100 美元/运费吨，计费标准为 W/M（毛重/体积）。问：应如何计算该批货物的运费？

【解析】 首先，我们应该熟悉 CFR 与 FOB 之间的关系，CFR 等于 FOB 加上运费。从该题中可知该货物从上海到神户的运价、计费标准，并且没有附加费。W/M 为取重量与体积较大者。因此，我们需要对两者进行比较：

1）该批货物的毛重为

$$W = 20 \times 10^{-3} \times 1\,200 = 24 \text{（吨）}$$

2）该批货物的体积为

$$M = 20 \times 20 \times 25 \times 10^{-6} \times 1\,200 = 12 \text{（立方米）} [\text{相当于 12（吨）}]$$

3）货物的体积小于毛重，因此运费吨 Q 为 24 吨。

4）该批货物的运费为

$$F = f \cdot Q = 100 \times 24 = 2\,400 \text{（美元）}$$

如果题目中还要求出 CFR 价格，则

$$P_{CFR} = 20 + (2\,400/1\,200) = 22 \text{（美元）}$$

（2）在有附加费而且各项附加费按基本运费的百分比收取的情况下，运费的计算公式

此公式为

$$F=f \cdot Q(1+S_1+S_2+\cdots+S_n)$$

式中，S_1，S_2，$\cdots$，S_n 为各项附加费的百分比。

【例2.2】 上海某公司向日本出口鸡肉23吨，共需装1 200箱，每箱毛重20千克，每箱体积为20厘米×20厘米×25厘米。该货物对应的上海到神户航线的运价为100美元/运费吨，计费标准为 W/M，另加收燃油附加费10%、港口附加费10%。问：应如何计算该批货物的运费？

【解析】 从该题中可知该货物从上海到神户的运价、计费标准，有燃油附加费与港口附加费，且附加费均按基本费率的百分比计算。W/M 为取重量与体积较大者。因此，需要对两者进行比较：

1）该批货物的毛重为

$$W=20\times10^{-3}\times1\ 200=24\ （吨）$$

2）该批货物的体积为

$$M=20\times20\times25\times10^{-6}\times1\ 200=12\ （立方米）[相当于12（吨）]$$

3）货物的体积小于毛重，因此运费吨 Q 为24吨。

4）该批货物的运费为

$$F=f \cdot Q(1+S_1+S_2)=100\times24\times(1+10\%+10\%)=2\ 880\ （美元）$$

（3）在有附加费而且各项附加费按绝对数收取时的情况下，运费的计算公式

此公式为

$$F=(f+S_1+S_2+\cdots+S_n) \cdot Q$$

式中，S_1，S_2，$\cdots$，S_n 为各项附加费的绝对数。

【例2.3】 上海某公司向日本出口鸡肉23吨，共需装1 200箱，每箱毛重20千克，每箱体积为20厘米×20厘米×25厘米。该货物对应的上海到神户航线的运价为100美元/运费吨，计费标准为 W/M，另加收燃油附加费10美元/运费吨、港口附加费12美元/运费吨。问：应如何计算该批货物的运费？

【解析】 从该题中可知该货物从上海到神户的运价、计费标准，有燃油附加费与港口附加费，且附加费均按绝对数收取。W/M 为取重量与体积较大者。因此，需要对两者进行比较：

1）该批货物的毛重为

$$W=20\times10^{-3}\times1\ 200=24\ （吨）$$

2）该批货物的体积为

$$M=20\times20\times25\times10^{-6}\times1\ 200=12\ （立方米）[相当于12（吨）]$$

3）货物的体积小于毛重，因此运费吨 Q 为24吨。

4）该批货物的运费为

$$F=(f+S_1+S_2) \cdot Q=(100+10+12)\times24=2\ 928\ （美元）$$

（4）从价运费计算中的货物价格换算

从价运费是按货物的 FOB 价格的某一百分比计算的。但是，某些贸易合同可能是以 CIF 或 CFR 价格成交的，所以，要将 CIF 或 CFR 价格换算为 FOB 价格。之后，再计算从价运费。按照一般的贸易习惯，按 CFR 价格是 CIF 价格的 99% 的比例，通过以下关系求得 FOB 价格：

$$P_{CFR}=0.99P_{CIF}$$

$$FR=(Ad.Val.)P_{FOB}$$

$$P_{CFR}=P_{FOB}+FR=P_{FOB}+(Ad.Val.)P_{FOB}=(1+Ad.Val.)P_{FOB}$$

$$P_{FOB}=P_{CFR}/(1+Ad.Val.)=0.99P_{CIF}/(1+Ad.Val.)$$

式中，P_{FOB} 为 FOB 价格；P_{CFR} 为 CFR 价格；P_{CIF} 为 CIF 价格；Ad.Val.为运费占货价的百分比；FR 为运费。

应当注意的是，虽然在实际中通常按以上计算公式进行计算，但在货币贬值附加费以百分比的计算形式出现时，理论上在其他附加费中还应包括货币贬值的因素，即货币贬值附加费的计算不但要按基本运费的一定百分比计收，还要按其他附加费的一定百分比计收。如果燃油附加费增收 10%，货币贬值附加费增收 10%，由于存在货币贬值附加费，所以两项附加费合起来并不是增收 20%，而是增收 21%。实践中，有时是为了计算方便，人们才将两项附加费相加计算的。

（5）运费计算的基本步骤

1）根据装货单留底联或托运单查明所运货物的装货港和目的港所属的航线。

2）了解货物名称、特性、包装状态，是否为超重或超长货件、冷藏货物。

3）从货物分级表中查出货物所属等级，确定应采用的计算标准。

4）查找所属航线等级费率表，找出该等级货物的基本费率。

5）查出各项应收附加费的计费办法及费率。

6）列式进行具体计算。

2. 集装箱班轮运费的计算

（1）集装箱运输中运费的结构

集装箱班轮运输中运费计算原则与杂货班轮运输中运费的计算原则相似，但也有其自身的特点。随着集装箱班轮运输发展需求的不断增长，有些租船运输中的装卸费用条款也被引入到了集装箱班轮运输中，如航次租船中的 FI 或 FO 的装卸条件被引入到集装箱班轮运输中。在这里，FI 的含义与航次租船中的 FI 相同，即承运人不负责装船费用；FO 的含义与航次租船中的 FO 相同，承运人不负责卸船费用。例如，CY to FO 即意味着承运人在装货港集装箱堆场接收货物，并在卸货港船舶舱内交货，这种货物交接形式和费用分担往往用于大批量货物的货主。CY to FO 只适用于整箱货，通常用于伊斯坦布尔（Istanbul）、拉塔基亚（Lattakia）、贝鲁特（Beirut）的地中海东部航线的港口。

（2）计算方法

集装箱班轮运输中的基本运费的计算方法有以下三种。

1）采用与计算普通杂货班轮运输基本运费相同的方法，对具体的航线按货物的等级和不同的计费标准来计算基本运费。

2）对具体航线按货物等级及箱型、尺寸的包箱费率（box rate）来计算基本运费。

3）仅按箱型、尺寸而不考虑货物种类和级别的包箱费率来计算基本运费。

包箱费率是指对单位集装箱计收的运费率。包箱费率也称为"均一费率（freight all kinds，FAK）"，采用包箱费率计算集装箱基本运费时，只需包箱费率乘以箱数即可。

集装箱班轮运输中，拼箱货的海运运费计算与普通杂货班轮运输货物的计算方法相似。整箱货的运费计算虽然有"最低运费"和"最高运费"的原则，但实践中并不常用。

最低运费（minimum charge）是在货物由托运人自行整箱装箱，CY 交货的情况下，且又采用拼箱货运费的计算方法时，一箱货物的运费应按集装箱的最低运费吨（计费吨）计算运费。如果箱内货物没有达到规定的最低装箱标准，亦即箱内所装货物没有达到规定的最低运费吨时，按最低运费吨计收运费。

最高运费（maximum charge）是指在集装箱运输中，为鼓励托运人采用整箱装运货物，并能最大限度地利用集装箱内部容积，规定当实际装入集装箱内的尺码吨超过规定的最高运费吨时，仍然按最高运费吨为限计收运费。值得注意的是，最高运费仅适用于以容积吨作为计费单位的货物，而不适用于按重量吨计算运费的货物。

集装箱班轮运输中的附加费也与杂货班轮运输中的情况相似。但是，实践中有时会将基本运费和附加费合并在一起，以包干费（all in rate）的形式计收运费。此时的运价称为包干费率，又称"全包价"（all in rate，A.I.R）。

集装箱班轮运输中的滞期费是指在集装箱货物运输中，货主未在规定的免费堆存时间内前往指定的集装箱堆场或集装箱货运站提取货物或交换集装箱，而是由承运人向货主收取的费用，实践中也称其为滞箱费或超期堆存费。滞期费按天计算。

3. 运费的支付

（1）预付运费

预付运费（prepaid freight）是指在签发提单前即需支付全部运费。在国际贸易中，一般都采用 CIF 或 CFR 价格条件下，在签发提单前由卖方在装货港支付运费以便于交易双方尽早结汇。在预付运费的情况下，运费应该按照货物装船时的重量或尺码计算。预付运费对货主而言要承担运费损失的风险，大多数班轮公司在提单和合同条款中，不但规定运费预付，而且还记明即使本船或货物在整个运输过程中沉没或灭失，承运人仍要全额收取运费，任何情况下都不退还。为避免风险，货主通常将已付运费追加到货物的货价中，一并向保险公司投保货物运输险。

（2）到付运费

到付运费（freight to collect）是指货物运到目的港后，在交付货物前付清运费。对于到付运费的情况，承运人要承担一定的风险，如果货物灭失再追收运费会很困难。为避免风险，承运人除了可将应收的到付运费作为可保利益向保险公司投保外，通常还可以在提单条款或合同条款中附加类似"收货人拒付运费或其他费用时，应由托运人支付"的条款。另外，在提单条款和合同条款中还应有留置权（lien）。

（3）计费的币种

计费的币种是指费率表中用以表示费率的货币种类。计费时使用货物装船地通用的货币最为方便。计费币种的汇率变动直接影响船公司运费收入。因此，在提单条款和合同条款中不但要记明运费支付的时间和地点，而且还要规定应该按哪一天的汇率计算运费。通常规定，运费预付时按签发提单当天的汇率计算，运费到付时按船舶抵港当天的汇率计算。

（二）明确国外保险费的计算

1. 投保

我国出口货物一般采取逐笔投保的办法。按 FOB 或 CFR 术语成交的出口货物，卖方无办理投保的义务，但卖方在履行交货之前，货物自仓库到装船这一段时间内，仍承担货物可能遭受意外损失的风险，需要自行安排这段时间内的保险事宜。按 CIF 或 CIP 等术语成交的出口货物，卖方负有办理保险的责任，一般应在货物从装运仓库运往码头或车站之前办妥投保手续。我国进口货物大多采用预约保险的办法，各专业进出口公司或其收货代理人同保险公司事先签有预约保险合同（open cover）。签订合同后，保险公司负有自动承保的责任。

2. 保险金额确定和保险费的计算

（1）保险金额

按照国际保险市场的习惯做法，出口货物的保险金额（insured amount）一般按 CIF 货价另加 10%计算，这增加的 10%叫保险加成，也就是买方进行这笔交易所付的费用和预期利润。保险金额计算的公式为

$$保险金额＝CIF 货值×（1＋加成率）$$

（2）保险费

投保人按约定方式缴纳保险费（premium）是保险合同生效的条件。保险费率（premium rate）是由保险公司根据一定时期、不同种类的货物的赔付率，按不同险别和目的地确定的。保险费则根据保险费率表按保险金计算，其计算公式为

$$保险费＝保险金额×保险费率$$

在我国出口业务中，CFR 和 CIF 是两种常用的术语。鉴于保险费是按 CIF 货值为基础的保险额计算的，CFR 和 CIF 价格应按下述方式换算。

1）由 CIF 价换算成 CFR 价，计算公式为

$$CFR＝CIF×[1－保险费率×（1＋加成率）]$$

2）由 CFR 价换算成 CIF 价，计算公式为

$$CIF＝CFR/[1－保险费率×（1＋加成率）]$$

在进口业务中，按双方签订的预约保险合同承担，保险金额按进口货物的 CIF 货值计算，不另加减，保费率按"特约费率表"规定的平均费率计算。如果 FOB 进口货物，则按平均运费率换算为 CFR 货值后再计算保险金额，其计算公式如下。

1）FOB 进口货物，计算公式为

$$保险金额＝[FOB 价×（1＋平均运费率）]/（1－平均保险费率）$$

2）CFR 进口货物，计算公式为

$$保险金额＝CFR 价/（1－平均保险费率）$$

3. 保险单据

在国际贸易业务中，常用的保险单据主要有两种形式。

（1）保险单

保险单（insurance policy）俗称大保单，它是保险人和被保险人之间成立保险合同关系的正式凭证，因险别的内容和形式有所不同，海上保险最常用的形式有船舶保险单、货物保险单、运费保险单、船舶所有人责任保险单等。其内容除载明被保险人、保险标的（如是货物须填明数量及标志）、运输工具、险别、起讫地点、保险期限、保险价值和保险金额等项目外，还附有有关保险人责任范围以及保险人和被保险人的权利和义务等方面的详细条款。如当事人双方对保险单上所规定的权利和义务需要增补或删减时，可在保险单上加贴条款或加注字句。保险单是被保险人向保险人索赔或对保险人上诉的正式文件，也是保险人理赔的主要依据。保险单可转让，通常是被保险人向银行进行押汇的单证之一。在 CIF 合同中，保险单是卖方必须向买方提供的单据。

（2）保险凭证

保险凭证（insurance certificate）俗称小保单，它是保险人签发给被保险人，证明货物已经投保和保险合同已经生效的文件。证上无保险条款，表明按照本保险人的正式保险单上所载的条款办理。保险凭证具有与保险单同等的效力，但在信用证规定提交保险单时，一般保险凭证无效，必须提供大保单。

（三）明确佣金的计算

1. 佣金的含义

佣金（commission）是指在国际贸易中，因中间商介绍生意或代买代卖而收取的酬金。佣金有"明佣"和"暗佣"之分。

2. 佣金的规定办法

在价格条款中，对于佣金可以有不同的表示办法，通常在规定具体价格时，用文字明示佣金率，也可以在贸易术语上加注佣金的英文字母缩写"C"和佣金的百分比来表示。

佣金的规定应合理，其比率一般掌握在 1%～5% 之间，不宜偏高。

3. 佣金的计算与支付方法

关于计算佣金的公式为

$$佣金＝含佣价×佣金率$$
$$净价＝含佣价－佣金$$

上述公式也可以写成

$$净价＝含佣价×（1－佣金率）$$

假如已知净价，则含佣价的计算公式应为

$$含佣价＝净价/（1－佣金率）$$

例如，CIFC3%每吨 1 000 美元，佣金额为 1 000×0.03＝30（美元）。但也可规定 CIFC3%，以 FOB 值计算，这样在计付佣金时应以 CIF 价减去运费和保险费求出 FOB 值，然后乘以 0.03，得出佣金额。

上述价格中都包含有佣金的因素，因此，在计算佣金时，如果按合同来计算，实际上存在着一定的重复计算的成分。科学的算法应是用剔除佣金的净价来计算佣金额。

任务三　了解国际结算方法

（一）了解国际结算的概念

根据资金流向和结算工具传送的方向是否一致，可将国际结算（international settlement）方式分为顺汇（favourable exchange）和逆汇（adverse exchange）两类。

顺汇又称为汇付法，是指债务人委托本国银行，将款项主动汇付国外债权人的汇兑业务。顺汇的特点是它的资金流向与结算工具传送方向相同。逆汇又叫出票法，是指债权人委托本国银行，通过签发汇票等形式，主动向国外债务人索取货款的另一类汇兑业务。逆汇的特点是它的资金流向与结算工具传送方向相反。逆汇包括国际贸易中的信用证议付（L/C negotiation）及跟单托收（documentary collection）业务以及非贸易项下的光票托收（clean collection）业务。

（二）了解汇付结算方法

1. 汇付的基本概念

（1）汇付定义

汇付（remittance）又称汇款，是国际支付的方式之一，也是最简单的国际货物结算方式。采用汇付方式结算货款时，出口商（卖方）依照售货合同，将货物交给进口商（买方）后，有关货运单据由卖方直接寄给买方，买方则委托当地银行将货款按合同列明的汇款方式（如电汇、信汇、票汇），通过受托银行海外代理行交付国外出口商（卖方）的结算方式。

（2）汇付方式的当事人

汇付方式的基本当事人，即汇款人、收款人、汇出行和汇入行。具体内容如下：

1）汇款人即付款人，一般为进口商或债务人，是委托当地银行将货款交付国外出口商的人。

2）收款人即受益人，一般为出口商或债权人，是接受汇款人所汇款项的指定当事人。

3）汇出行，是应汇款人委托或申请，按汇款人指定的汇款方式将货款汇付收款人的银行，通常是进口地的银行。

4）汇入行又称解付行，是接受汇出行指令，将款项交付指定收款人的银行，通常是出口地的银行。

（3）汇付方式的业务流程

汇付方式的业务流程，如图 2.1 所示。

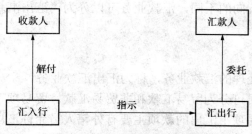

图 2.1　汇付方式的业务流程

2. 汇付方式的种类

根据汇款方式的不同，汇款方式主要有电汇、信汇、票汇三种。

（1）电汇

电汇（T/T）是指汇出行根据汇款人的申请，通过电报或加押电传或环球银行间金融电讯网络的方式，指示汇入行解付特定款项给指定收款人的汇款方式。

电汇的优点是交款迅速安全。在三种汇款方式中电汇是最快捷的一种。通常情况下，只需汇款人资金落实，汇款申请书填制正确。汇出行与汇入行之间的工作日为：港澳地区2～3天；其他地区4～7天。这显然比信汇和票汇的流转速度快得多，因此在实务操作中，电汇方式的使用率最高，而且由于电汇通常是银行间的直接通讯，因此风险相对比较小。在电汇支付方式下，汇出行收取的费用由汇款手续费和电讯费组成，如果是贸易项下的电汇，有些银行还要收取无兑换手续费。

（2）信汇

信汇（M/T）是汇出行根据汇款人的申请，将信汇委托书（MT advice）或支付通知书（payment order）通过邮政航空信函送达汇入行，授权汇入行行其指令，解付特定款项给指定收款人的汇款方式。

由于信汇委托书需通过航空信函送达，故途中信函有延误或遗失的可能。由于委托付款指示送达信汇要比电汇慢，所以收款人收汇时间较长。

（3）票汇

票汇（D/D）是汇出行根据汇款人的申请，开立的以汇出行的国外代理行为解付行的银行即期汇票，交由汇款人自行邮寄指定收款人或其自带银行汇票出境，凭票向解付行取款的汇款方式。

票汇方式的优点是灵活。汇票可以由汇款人自行邮寄或自行携带；除非汇出行开出的是画线汇票并同时注明"NOT NEGOTIABLE"（不可转让）字样，否则汇票可背书转让（negotiable endorsement）。票汇方式下，汇出行一般仅收汇款手续费，如果是贸易项下的票汇同样要收取无兑换手续费。

三种汇款方式，票汇费用最低，但是票汇方式的缺点是风险大。

3. 汇付业务的实务操作

根据汇款资金流向的不同，汇款业务可以分为"汇出汇款业务"与"汇入汇款业务"。

（1）汇出汇款业务

作为汇出行所处理的汇款业务，称为汇出汇款业务。

汇出汇款按性质可分为贸易汇款和非贸易汇款。贸易项下的汇款主要用于支付进口货款；非贸易项下汇出的款项主要有外籍人员允许汇出的工资、外商投资企业外方利润等。汇出行办理汇出汇款业务需注意以下两点：

1）正确填制汇款申请书。申请书主要有以下内容：汇款方式、汇款日期、收款人姓名、收款人地址、开户行行名、银行账号、货币金额大小写、汇款人名称、附言以及汇款人签名盖章（汇款人为公司，须加盖开户时预留的印鉴）。汇款申请书上的各项内容均用英文填写。电汇和票汇申请书通常使用同一格式。汇款人如果是企事业单位，则应该填制一式二联的汇款申请书。

2）汇款。汇款人在申请汇款时，必须将所汇款项如数交纳或划付给汇出行。同时，有义务付清受托行（汇出行）要求交纳的所有银行费用。

（2）汇入汇款业务

作为汇入行所处理的汇款业务，叫汇入汇款业务。汇入行办理汇入汇款业务需注意以下两点。

1）解付。汇入行在收到国外汇出行所汇汇款或可以立即借记汇出行账户的通知后，才可办理解付。

2）退汇。一般在如下几种情况下，办理退汇：收款人在汇款抵达前已经回国或收款人回国前已来银行办理授权汇入行办理退汇手续；收款人拒收货款；款项解付前，汇出行来电函要求将汇款撤销并退回。款项解付后，汇出行来电要求撤销款项，汇入行须征询收款人意见，否则，无权自行退汇。

4. 汇付方式的性质和实际运用

在汇付中，银行不提供信用而只提供服务。

运用汇款方式结算进出口双方的债权债务，以货物与货款交付的先后来划分，主要有两类，即预付货款和货到付款。

（1）预付货款

预付货款（cash with order）是进口商先将部分货款通过汇款方式预支给出口商，出口商收到货款后，在约定的时间内备货出运，它是货交进口商的一种结算方式，实质上是进口商向出口商预交一笔订金，同一笔款项对于进口商来说是预付货款，对于出口商来说是预收货款。

预付货款的结算方式相对有利于出口商，对于进口商不利。对于出口商来说，在资金方面，出口商在货物出运前已经得到一笔无息贷款。就风险而言，预付货款对于进口商日后可能出现的违约行为起制约作用。

（2）货到付款

货到付款（cash on delivery）是进口商收到货物后，在约定期限内向出口商汇付货款的结算方式。这个结算方式对于进口商来说比较有利。

（三）了解托收结算方法

1. 托收的基本概念

（1）托收的定义

托收（collection）是国际结算中常见的基本方式之一，通常又称为无证托收，意指出口商根据双方签订的贸易合同的规定，在货物发运后，委托当地银行按其指示，明确交单条件，即凭付款或承兑或以其他条件交单，借此通过代收行向进口商提示金融单据而收取货款的结算方式。

（2）托收方式的当事人

托收方式的基本当事人，即委托人、付款人、托收行和代收行。

1）委托人是委托当地银行办理托收业务并代收货款的人，通常为出口商。

2）付款人是被代收行提示单据并应承担付款或承兑赎单的人，通常为进口商。

3）托收行是委托人的代理人，是接受委托人的委托，向付款人代收货款的银行，通常是出口地的银行。

4）代收行是托收行的代理人，是受托收行的委托，参与办理托收业务或直接向付款人提示单据而代为索款的进口地银行。通常为付款人的账户行或托收行的代理行。

（3）出口托收的种类

按照是否附有商业单据来划分，出口托收方式分为光票托收和跟单托收两种。

1）光票托收是指仅凭金融单据向付款人提示付款，而不附带任何商业单据的一种托收方法，付款期限通常为即期。

2）跟单托收是指金融单据附带商业单据，或为节省印花税而仅凭商业单据，不附带任何金融单据来提示承兑或付款的托收方式。根据交付货运单据条件的不同，跟单托收结算方式可细分为承兑交单与付款交单两种。

① 承兑交单（D/A）是代收行或提示行仅凭付款人在远期汇票上"履行承兑"为唯一的交单条件，至此，作为代收行或提示行应已履行了托收指示中其应尽的责任。

② 付款交单（D/P）是指代收行或提示行，须凭付款人的实质性付款为同意放单的唯一条件。根据付款期限的远近不同，付款交单方式又可具体细分为即期付款交单与远期付款交单。即期付款交单（D/P at sight）是指凭即期汇票及相关商业单据或仅以相关商业单据的交付请求即期付款的托收方式；远期付款交单（D/P at ×× days after/after B/L date）是指须凭远期汇票及相关商业单据或仅以相关商业单据在将来某一确定日期的交付请求届时付款的托收方式。

2. 出口托收的一般业务程序

（1）出口托收的申请

出口企业委托其开户行或某一银行办理托收时，应填制出口申请书。出口申请书内须明确注明代收行名称及详细地址、付款金额、付款期限和交单条件、单据种类和份数、合同号码、商品名称、货款收妥后用电报或信函告知、具体联系人及电话、托收业务中发生的代收行费用由谁承担、付款人拒付或拒绝承兑时单据和货物应如何处理等所有有关托收的条件，且加盖公章为证，以便托收行执行。

另外，如果托收的价格条款是 **CFR**，则出口企业在交单时，最好随单附一份担保通知，说明已通知买方保险。

出口企业填写托收申请并将出口货物出运的运输单据、汇票及发票等商业单据一并递交托收行，委托代收货款。

（2）出口托收的修改

出口托收寄单后，可能会因情况变化需要修改托收金额与条款等方面时，构成出口托收的修改。

1）出口商提出修改的，由出口商提交书面的托收修改申请。申请书上要注明原托收单据的有关信息，如金额、发票号、合同号、商品名称、付款人以及修改后新的委托指示及简明说明事由，加盖公章后交托收行审核，由托收行通过电传、SWIFT 或信函方式通知国外代收行办理修改手续。

2）如果由代收行来函电通知付款人拒绝承兑或付款，要求改变交单条件或其他要求，托收行有责任立即通知出口商，由出口商研究处理。若出口商同意其要求，则出口商须拟书面修改交托收行，由托收行转告代收行确认；若出口商不同意修改，坚持按原托收指示行事，同样须以书面形式明示托收行后，由托收行通过代收行与付款人再行交涉。

（3）出口托收的注销

若国外客户迟迟不予赎单，出口商有权向银行提出申请，注销该笔托收业务。受托银行查核后联系国外代收行退单，待托收行收妥因托收业务所产生的各项银行费用及国外退单后，该笔托收业务才告正式注销。

（4）出口托收的业务流程

出口托收的业务流程，如图 2.2 所示。

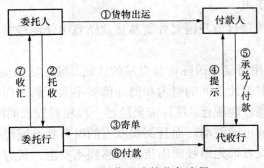

图 2.2　托收方式的业务流程

3. 托收的性质和实际运用

托收方式对进口商来说，由于不需要预垫资金或仅需垫付较短时间的资金而非常有利，如果采用承兑交单条件，进口商还有进一步运用出口商资金的机会，或者仅凭本身的信用进行交易而无需购货资金。所以，以托收方式进行结算，能起到调动进口商的经营积极性，提高交易商品在国际市场上的竞争能力，出口商据此可以达到扩大销售的目的。因而，在国际贸易中，托收方式经常被用作一种非价格竞争的手段。对于进口商非常有利的托收方式，对于出口商则需要承担很大的风险。

银行在托收业务中，只提供服务，不提供信用，托收和汇付方式是一样的，也属于商业信用性质。

（四）了解信用证结算方法

1. 信用证的含义及其作用

（1）信用证的含义

信用证（letter of credit，L/C）是指开证银行应开证人的请求开具给受益人的，保证在一定条件下履行付款责任的一种书面担保文件。在国际货物买卖中，向银行申请开立信用证的是买方（进口商），信用证的受益人是卖方（出口商），开证银行在信用证中向受益人作出承诺，只要受益人按照信用证条款，提交合乎信用证要求的单据，开证银行保证履行付款或承兑的责任。因此，信用证对于买方是银行授予的一种信用工具，对卖方是银行向其保证付款的一种支付手段。在信用证付款条件下，银行承担第一性付款责任，因此，信用证付款的性质属于银行信用。

信用证虽以贸易合同为基础，但信用证一经开出就成为独立于合同以外的另一种契约。开证银行只受信用证的约束而与该合同完全无关。

信用证纯粹是单据业务，银行处理的只是单据，不问货物、服务或其他行为，而且只强调从表面上确定其是否与信用证条款相符，以决定是否承担货款的责任。

（2）信用证的作用

信用证付款方式是目前我国对外贸易货款结算中使用最多的支付方式，其具有如下两方面作用。

1）信用证的使用可促成国际贸易交易的达成。国际货物买卖的双方，分处不同的国家或地区，对彼此之间的财力和商业信誉不太了解。而一笔国际货物买卖的交易从磋商成交到合同履行，往往需要经过一段相对较长的时间。在这段期间，不仅国际市场的行情可能波动，而且买卖双方的财务状况或经营条件也可能发生变化。因此，买卖双方谁先出钱或出货都会感到不安全。买方会担心在他履行付款后，卖方不交付货物或交不出货物；卖方则担心在他交出货物或代表货物的货物单据后，买方可能拒收货物或拒付货款。若采用信用证方式付款，卖方得到银行以信用证方式作出的确切保证，只要依据信用证要求装运货物提交单据，开证银行即保证履行付款责任；而买方在通过银行承兑汇票或者支付货款之后，则肯定会得到代表货物的表面合乎要求的货运单据，凭此提领货物。由于银行信用远比买卖双方之间的商业信用可靠得多，信用证是以银行的信用为基础的，从而也更容易为买卖双方所接受，因此，可促成国际贸易交易的达成。

2）信用证的使用可起买卖双方资金融通的作用。在信用证付款条件下，出口方可以凭信用证向银行抵押贷款，叫"打包放款"，在出运货物之后，即可备齐单据，凭信用证向当地银行申请办理押汇，收回货款。进口方在偿付全部货款前，只需付一定的开证保证金，银行就能为进口商开立信用证。若是远期信用证付款，买方资信又不错，则可凭信托收据向银行借单，预先提领货物转售，待到约定的付款日期才向银行偿付货款。因此，使用信用证方式付款，利用的是银行的资金，有利于买卖双方的资金融通。

2. 信用证的主要内容

在进出口业务中所使用的信用证虽然没有统一的格式，但基本项目是相同的，主要有以下几方面。

（1）信用证本身的说明

如信用证的种类、性质、金额及其有效期和到期地点等。

（2）货物本身的描述

如货物的品质、规格、数量、包装以及价格等。

（3）货物运输的说明

如装运期限、起运港（地）和目的港（地）、运输方式以及可否分批装运和可否中途转船等。

（4）单据的要求

单据中主要包括商业发票、提单、保险单等。

（5）特殊条款

根据进口国政治、经济、贸易情况的变化或每一笔具体业务的需要，可能作出不同规定。

（6）开证行对受益人及汇票持有人保证付款的责任文句

使用信用证作为支付方式，要求做到信用证与合同、信用证与单据、单据与货物相一致，保证安全及时收汇。

3. 信用证的使用程序

使用信用证时，会涉及开证申请人、开证银行、通知银行、受益人、议付银行和付款银行等当事人。

信用证的业务流程，如图 2.3 所示。图中，①为买卖双方在合同中约定凭信用证付款；②为买方向当地银行申请开证，并按合同内容填写开证申请书和交纳开证押金或提供其他保证；③为开证行按申请内容开证，并通知通知行；④为

项目二 外贸会计核算的基础知识

29

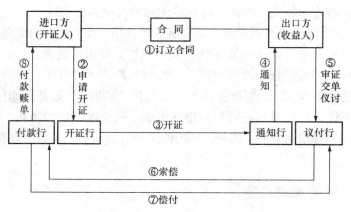

图 2.3　信用证方式的业务流程

通知行将信用证交与受益人（卖方）；⑤为卖方收到信用证后，如审核无误，即按信用证要求发货，开出汇票并附各种单据向有关银行议付货款；⑥为议付行将汇票和单据给开证行或信用证指定的付款行索偿；⑦为付款行将货款偿付给议付行；⑧为开证行收到单据后，即通知买方付款赎单。

银行在信用证业务中，不仅提供服务，而且提供信用，属于银行信用性质。

小　　结

● 在国际货物买卖发展过程中，为了节省交易磋商的时间和费用，经过长时间的实践形成了国际通用的贸易术语（也叫价格条件），这些贸易术语将国际贸易规范起来，所以对国际贸易具有重要意义。

● 目前，我国的国际贸易货物大都是通过海洋运输出口或进口的。海洋运输中最经常使用的贸易术语有 FOB 价、CFR 价和 CIF 价。

● 贸易术语有船上交货价（FOB），成本加运费价（CFR）和成本加运费、保险费价（CIF）等多种价格条件。每个价格条件在计算价格时必须考虑运费、保险费和佣金，所以对于运费、保险费和佣金的计算影响着每笔国际贸易的成本与利润。

● 国际结算是一项国际银行业务，它是指为清偿国际间债权债务关系或跨国转移资金而通过银行来完成的跨国（地区）货币收付活动，是国际间结清贸易和非贸易往来而产生的债权和债务所采用的形式。

● 国际结算的方式有两类：一类是属于商业信用的结算方式，即由出口商和进口商相互提供信用，如汇付、托收等；另一类是属于银行信用的结算方式，即由银行提供信用来进行债权债务的清偿，如信用证、信用保证书等。

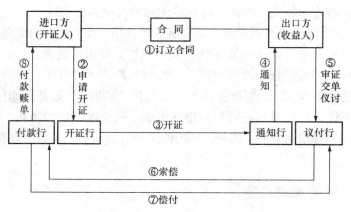

思考与训练

一、复习思考题

1. FOB、CIF、CFR 三种术语有何相同点和不同点？

2. 简述影响成交价格的因素。

3. 简述 FOB、CFR 和 CIF 三种贸易术语的价格构成。

4. 简述佣金的含义、作用及规定方法。

5. 什么叫票汇？其业务程序如何？请以图示之。

6. 在托收业务中，银行对进、出口商的资金融通，可采取哪几种方式？

二、客观训练题

（一）选择题

1. 在装运港交货的三种常用价格术语中，在（   ）条件下，卖方装船后应及时向买方发出装船通知最为重要。

    A．FOB   B．CIF   C．CFR   D．FAS

2. 在实际业务中，FOB 条件下，买方常委托卖方代为租船、订舱，其费用由买方负担。如到期订不到舱，租不到船，（   ）。

    A．卖方不承担责任，其风险由买方承担

    B．卖方承担责任，其风险由买方承担

    C．买卖双方共同承担责任、风险

    D．买卖双方均不承担责任，合同停止履行

3. 属于顺汇方法的支付方式是（   ）。

    A．汇款   B．托收   C．信用证   D．银行保函

4. 在汇款方式中，能为收款人提供融资便利的方式是（   ）。

    A．信汇   B．票汇   C．电汇   D．远期汇款

5. T/T 是指（   ）。

    A．提单   B．电汇   C．信用证   D．银行保函

6. 通过汇出行开立的银行汇票的转移实现货款支付的汇付方式是（   ）。

    A．电汇   B．信汇   C．票汇   D．银行转账

7. 属于商业信用的国际贸易结算方式是（   ）。

    A．信用证   B．托收   C．汇款方式   D．保函

8. 在国际贸易中中间商的收入称为（   ）。

    A．服务费   B．收益   C．佣金   D．折扣

9. 我国对外报 FOB 净价 100 美元，若国外客户要求改报 FOB C5%价，则在不会减少出口外汇净收入条件下，FOB C5%价应为（   ）美元。

    A．100   B．105   C．110   D．150

10. 一笔国际货物买卖合同，采用 CFR 含佣 2%对外成交，总值为 10 000 美

元，该批货物的总运费为 900 美元，则该笔交易外汇净收入为（ ）美元。

    A．10 000　　　　B．8 900　　　　　　C．9 100　　　　　　D．9 800

（二）判断题

1．FOB、CFR、CIF 相比，CIF 条件下卖方风险最大。　　　　　　（　　）

2．以 CIF 出口一批货物，途中船舶触礁导致货物灭失，买方可以不付款。

                                                     （　　）

3．汇款方式是一种对买卖双方均有较大风险的支付方式。　　　　（　　）

4．在托收业务中，银行的一切行为是按照托收委托书来进行的。　（　　）

5．托收因是借助银行才能实现货款的收付，所以，托收是属于银行信用。

                                                     （　　）

6．在票汇情况下，买方购买银行汇票径寄卖方，因采用的是银行汇票，故这种付款方式属于银行信用。　　　　　　　　　　　　　　　　　　（　　）

7．信用证的标的是单据，可以说信用证下银行与受益人是从事一种单据买卖活动。　　　　　　　　　　　　　　　　　　　　　　　　　　　（　　）

8．信用证的基本当事人包括出口商、进口商和开证行。　　　　　（　　）

9．佣金和折扣都可分为"明佣（扣）"和"暗佣（扣）"两种。　（　　）

10．在规定单价时，若明确规定佣金的百分比，则规定总值时也应作出相应的规定。　　　　　　　　　　　　　　　　　　　　　　　　　　　（　　）

11．含佣价＝净价／（1－佣金率），其中的净价一定是 FOB 价。　（　　）

三、业务操作题

1．上海某公司对新加坡某客户出口某商品共 10 吨，报价为每吨净重 FOB 上海 2 000 港元，后外商要求改报价 CFR 新加坡，经查该商品用木箱装，每箱装货 20 千克，箱重 5 千克，以重量计收运费，从上海至新加坡每吨运价为 500 港元，并收港口附加费 20%。请计算运费和重新报价。

2．某公司出口商品 200 件，每件毛重 95 千克，体积 100 厘米×40 厘米×25 厘米，查该公司班轮运费表，该商品计费标准为 *W/M*，等级为 8 级，每运费吨为 80 美元，另收港口附加费 10%，转船附加费 15%。问：该批货物共计运费多少？该公司原报 FOB 上海每件 400 美元，客户要求改报 CFR 价。问：该应报价多少？

3．上海土特产公司出口 50 箱土特产，每箱体积 41 厘米×33.5 厘米×29 厘米，每箱重 44.5 千克。查货物分级表得知该货属于 10 级货，计费标准为 *W/M*；再查航线费率表，10 级货该航线的基本费率为每运费吨 40 美元；查其附加费率表，得知其转船附加费为 21%，港口附加费为 20%。试计算运费。

4．某公司对外报价某商品每箱 50 美元 CIF 纽约。国外要求改报 CFR 纽约，并给予 5% 佣金，设保险费率为 1.05%，按发票金额的 110% 投保。问：应报多少美元？

项目三

外汇基础知识

知识点

通过本项目相关知识的学习，学生了解和掌握以下知识点：外币、外汇、汇率、汇兑损益等的基本概念；外汇业务、汇兑损益的核算。

技能点

通过对本项目知识点学习、总结和运用，学生掌握以下技能点：通过学习外汇预备知识，能够对外汇业务及汇兑损益进行会计核算。

任务分解

1）了解外汇相关知识。

2）了解外汇业务核算的内容。

3）掌握外汇汇兑损益的核算。

内容导入

随着我国跻身国际经济大循环的广度和深度不断扩大，企业涉外经济业务活动日趋增多，不仅外贸企业，而且经营国内业务的企业也涉及了外币、外汇、汇率等相关概念。因此，外汇基础知识是外贸会计核算的基础知识。

任务一　了解外汇相关知识

（一）了解外汇的内容

外汇（foreign exchange）有动态和静态两种含义。

（1）动态意义上的外汇

动态意义上的外汇，是指人们将一种货币兑换成另一种货币，以清偿国际间债权债务关系的行为。这个意义上的外汇概念等同于国际结算。

（2）静态意义上的外汇

静态意义上的外汇又有广义和狭义之分。

1）广义的静态外汇是指一切用外币表示的资产。我国以及其他各国的外汇管理法令中一般沿用这一概念。如我国 1997 年 1 月 20 日发布的修改后的《中华人民共和国外汇管理条例》中规定，外汇是指外国货币（包括钞票、铸币等），外币支付凭证（包括票据、银行存款凭证、邮政储蓄凭证等），外币有价证券（包括政府债券、公司债券、股票等），特别提款权、欧洲货币单位，其他外汇资产。从这个意义上说外汇就是外币资产。

2）狭义的外汇是指以外币表示的可用于国际之间结算的支付手段。从这个意义上讲，只有存放在国外银行的外币资金以及将对银行存款的索取权具体化了的外币票据才构成外汇，其主要包括银行汇票、支票、银行存款等。这就是通常意义上的外汇概念。

（二）了解外汇的种类

1. 根据限制性不同，外汇可分为自由外汇和记账外汇

1）自由外汇又称现汇，是指不需要货币当局批准，可以自由兑换成任何一种外国货币或用于第三国支付的外国货币及其支付手段。具有可自由兑换性的货币都是自由外汇，国际间债权债务的清偿主要使用自由外汇，自由外汇中使用最多的是美元、欧元、日元、英镑、法国法郎、澳大利亚元、加拿大元和瑞士法郎。

2）记账外汇又称协定外汇，是指不经货币当局批准，不能自由兑换成其他货

币或用于第三国支付的外汇。它是签有清算协定的国家之间，由于进出口贸易引起的债权债务不用现汇逐笔结算，而是通过当事国的中央银行账户相互冲销所使用的外汇。记账外汇虽不能自由运用，但它也代表国际债权债务，往往签约国之间的清算差额也要用现汇进行支付。

2. 根据来源和用途不同，外汇可分为贸易外汇和非贸易外汇

1）贸易外汇是对外贸易中商品进出口及其从属活动所使用的外汇。商品进出口伴随着大量的外汇收支，同时从属于商品进出口的外汇收支还包括运费、保险费、样品费、宣传费、推销费以及与商品进出口有关的出国团组费。

2）非贸易外汇是贸易外汇以外所收支的一切外汇。非贸易外汇的范围非常广，主要包括侨汇、旅游、旅游商品、宾馆饭店、铁路、海运、航空、邮电、港口、海关、银行、保险、对外承包工程等方面的外汇收支，以及个人和团体（公派出国限于与贸易无关的团组）出国差旅费、图书、电影、邮票、外轮代理和服务所发生的外汇收支。

3. 根据交割期限不同，外汇可分为即期外汇和远期外汇

交割（settlement）是指本币和外币所有者相互交换货币所有权的行为，也就是在外汇买卖中外汇的实际收支活动。即期外汇（spot exchange）是指外汇买卖成交后在两个工作日内交割完毕的外汇；远期外汇（forward exchange）是指买卖双方根据外汇买卖合同，不需立即进行交割，而是在将来某一时间进行交割的外汇。

4. 根据外汇管理对象不同，外汇可分为居民外汇和非居民外汇

1）居民外汇是指居住在本国境内的机关、团体、企事业单位、部队和个人，以各种形式所持有的外汇。居民通常指在某国或地区居住期达1年以上者，但是外交使节及国际机构工作人员不能列为居住国居民。各国一般对居民外汇管理较严。

2）非居民外汇是指暂时在某国或某地区居住者所持有的外汇，如外国侨民、旅游者、留学生、国际机构和组织的工作人员及外交使节等，以各种形式持有的外汇。在我国，对非居民的外汇管理比较松，允许其自由进出国境。

（三）了解外汇管制的内容

外汇管制（foreign exchange control）又称外汇管理，是指国家通过法令或条例，对国际结算、外汇收支和买卖及汇价等外汇业务活动实行管理和限制，目的在于有效地使用外汇，防止外汇投机，限制资本流出或流入，改善国际收支和稳定汇率。外汇管制是国际经济关系发展到一定阶段的产物，当代世界各国为了平衡国际收支、对付国际金融领域中的不稳定因素，都不同程度地实行外汇管制。

1. 我国的外汇管理机构及其职能

我国管理外汇的主管机构是国家外汇管理局及其分支机构。国家外汇管理局是国务院领导下，归口中国人民银行管理的国家局。在全国各省、自治区、直辖市、计划单列市、经济特区都设有一级分局，在沿海经济发达地区和国内各中等城市设有二级分局，在一些经济发达县市和对外贸易口岸设有支局。其主要职能如下。

1）制定外汇管理的法规和制度，并组织实施。

2）编制国家外汇收支计划并监督执行。

3）管理国家外汇资金和外汇储备。

4）制定人民币汇率政策，调整人民币汇率。

5）管理银行间外汇市场，代理中国人民银行干预外汇市场。

6）管理外债，审批向国外商业银行借款、在国外发行债券和对外担保的业务，办理全国外债的监测、登记和统计。

7）审批与管理银行和非银行金融机构的外汇业务。

8）监管贸易、非贸易外汇收支和外商投资企业的外汇收支。

9）管理在境外投资企业的外汇收支。

10）编制国家外汇收支统计和国际收支平衡表。

11）检查和处罚违反外汇管理的案件。

2. 我国外汇管制的主要内容

（1）对出口收汇的管理

自1994年起，我国实行外汇收入结汇制，取消了外汇留成，出口收汇首列其中。同时为了防止外汇流失，沿用了1991年实行的出口收汇跟踪结汇制度。该制度要求出口商在货物出口后，须在规定期限内将货款调回并到外汇管理部门核销此笔外汇。具体规定如下。

1）出口商到当地外汇管理机关领取出口收汇核销单。

2）在货物出口报关时，向海关交验核销单，核销单上写明货物交易情况，海关审核后在核销单和报关单上加盖"放行"章后，将核销单和报关单退给出口商。

3）货物出口后，出口商将有关单据和核销单交银行收汇，同时将核销单存根、发票、报关单和有关汇票副本在规定的期限内，送回原签发核销单的外汇局。

4）银行收妥货款后，在核销单上填写有关项目并盖章，将结汇单或收账通知副联和核销单一同退给出口商。

出口商将银行确认货款已收回的核销单送当地外汇局，由其核对报关单和海关、银行签章的核销单后，核销该笔收汇。

（2）对进口用汇的管理

根据1994年我国外汇管理体制改革中银行售汇制的规定，凡有进出口权的企业其进口所需外汇，不超过设备价款 15%的预付款所需外汇，凭有效的凭证，均可向外汇指定银行购买。如预付款超过设备价款金额的 15%，对外支付佣金超过国际惯例和国家规定的比例，以及转口贸易先支后收的外汇需要，须获得外汇管理局批准后，才可到外汇指定银行购买外汇。所持有效凭证主要包括：

1）实行配额或进口控制的货物进口，持有关部门颁发的配额许可证或进口证明以及相应的进口合同。

2）实行自动登记制的货物进口，持登记证明和相应的进口合同。

3）其他符合国家进口管理规定的货物进口，持进口合同和境外金融机构的支付通知书。

4）非贸易项目下的经营性支付，持支付协议或合同和境外金融、非金融机构的支付通知书。

为了防止外汇流失，制止逃套汇行为，1994 年 8 月 1 日我国开始实行进口付汇核销制度，即进口单位在货款支付后，在合同期限内将货物运抵境内，向外汇指定银行核销这笔进口用汇。其业务程序和出口收汇基本相同。

（3）对资本项目外汇收支的管理

对资本项目的外汇收支仍继续实行计划管理和审批制度。我国对资本项目进行管理主要是加强外债的管理，其基本原则是：总量控制，注重效益，保证偿还。管理的主要内容如下。

1）对境外资金的借用和偿还，国家继续实行计划管理、逐笔审批和外债登记制度。为确保国家的对外信誉，继续加强外债管理，实行"谁借谁还"的原则。

2）境外外汇担保履约用汇，持担保合同、外汇局核发的核准证到外汇指定银行购汇。

3）经批准对境外法人、自然人发行的股票债券取得的外汇，发行人须持相应的批准文件向外汇局申请，持外汇局核发的《开户通知书》到开户银行办理开户手续。

4）对资本输出实行计划管理和审批制度。

（4）对境内居民和非居民的外汇管理

境内居民个人存放在国内或国外的外汇，准许持有和存入或卖给银行，但不准私自买卖。个人移居境外后，其境内资产产生的收益，可以持规定的证明材料和有效凭证向外汇指定银行汇出或者携带出境。个人因私用汇，在规定限额以内购汇；超过规定限额的个人因私用汇，应向外汇管理机构提出申请，外汇管理机构审核同意后，可以购汇。个人携带外汇进境，应向海关办理申报手续；携带外汇出境，超过规定限额的，还应向海关出具有效凭证。居住在境内的中国公民持有的外币支付凭证、外币有价证券形式的外汇资产，未经外汇管理机构批准，不得携带或者邮寄出境。非居民入境携带的外汇，允许自由保留和运用，自由存入银行和提取或卖给银行，也可以持有效凭证汇出或者携带出境，但不能私自买卖。他们的合法人民币收入，需要汇出境外的，可以持有关证明材料和凭证到外汇指定银行兑付。

（5）对金融机构经营外汇业务的管理

目前，在我国经营外汇业务的金融机构有国家银行、外资银行和中外合资银行以及非银行金融机构三类。外汇管理局对其进行管理的基本原则如下。

1）银行和金融机构经营外汇业务须有外汇管理局颁发的"经营外汇业务许可证"。获得许可证的大致条件是：对我国经济发展有利，具有经营外汇业务的能力，有一定数量和相当素质的外汇业务人员，有固定经营场所，有一定数额的外汇资本金和营运资金。

2）各类金融机构在经营外汇业务的范围上是有区别的。国家银行和综合性银行可以申请经营外汇银行的各种外汇业务；中国加入 WTO 后，外资银行和中外合资银行可以申请经营一般商业银行的外汇业务，并有步骤地允许经营人民币业务；非银行金融机构的业务，限制在信托、投资、租赁、担保、证券交易等业务上，并对吸收存款的期限和数额有一定限制。

3）对经营外汇业务的具体做法也有明确的规定。如规定检查和稽核制度，规定资本与债务比率，规定对一个企业的外汇放款和外汇担保总额不能超过其实收外汇资本加储备金的 30%等。外汇指定银行办理结汇所需人民币资金原则上应由各银行自有资金解决，并对其外汇结算周转金实行比例管理。

任务二　了解外汇业务核算的内容

（一）明确记账本位币的概念

记账本位币（recording currency）是指企业经营所处的主要经济环境中的货币。企业通常应选择人民币作为记账本位币。业务收支以人民币以外的货币为主的企业，可以按照下面规定选定其中一种货币作为记账本位币。但是，编报的财务报表应当折算为人民币。企业记账本位币一经确定，不得随意变更，除非企业经营所处的主要经济环境发生重大变化。企业因经营所处的主要经济环境发生重大变化，确需变更记账本位币的，应当采用变更当日的即期汇率将所有项目折算为变更后的记账本位币。企业选定记账本位币，应当考虑下列因素。

1）该货币主要影响商品和劳务的销售价格，通常以该货币进行商品和劳务的计价和结算。

2）该货币主要影响商品和劳务所需人工、材料和其他费用，通常以该货币进行上述费用的计价和结算。

3）融资活动获得的货币以及保存从经营活动中收取款项所使用的货币。

企业选定境外经营（指企业在境外的子公司、合营企业、联营企业、分支机构，在境内的子公司、合营企业、联营企业、分支机构，采用不同于企业记账本位币的，也视同境外经营）的记账本位币，还应当考虑下列因素。

1）境外经营对其所从事的活动是否拥有很强的自主性。

2）与企业的交易是否在境外经营活动中占有较大比重。

3）境外经营活动产生的现金流量是否直接影响企业的现金流量，是否可以随时汇回。

4）境外经营活动产生的现金流量是否足以偿还其现有债务和可预期的债务。

（二）了解外汇业务的汇率

汇率（exchange rate）又称汇价、外汇牌价或外汇行市，即外汇的买卖价格。它是两国货币的相对比价，也就是用一国货币表示另一国货币的价格。例如，USD/JPY 120.40，表示 1 美元等于 120.40 日元，在这里美元称为单位货币，日元称为计价货币。在外汇市场上，汇率是以五位数字来显示的。例如，欧元/美元 EUR/USD 1.142 5；英镑/美元 GBP/USD 1.623 7。汇率的最小变化单位为一点，即最后一位数的一个数字变化，称为一个汇价基点（point），简称汇率点。例如，欧元 EUR 0.000 1。按国际惯例，通常用三个英文字母来表示货币的名称，中文名称后对应的英文即为该货币的英文代码。

1. 汇率的标价方法

（1）直接标价法

直接标价法也称应付标价法，是指以一定单位的外国货币（1 个或 100、1 000 个单位）为标准，计算应付出多少单位的本国货币。也就是说，在直接标价法下，汇率是以本国货币表示的单位外国货币的价格。外汇汇率上涨，说明外币币值上涨，表示单位外币所能换取的本币增多，本币币值下降；外汇汇率下降，说明外币币值下跌，表示外国单位货币能换取的本币减少，本币币值上升。目前，世界上大多数国家采用直接标价法，我国也采用直接标价法。

（2）间接标价法

间接标价法也称应收标价法或数量标价法，是指以一定单位的本国货币（1 个或 100、1 000 个单位）为标准，计算应收进多少外国货币。在间接标价法下，汇率是以外国货币来表示的单位本国货币的价格。若一定数额的本国货币能兑换的外国货币比原来减少，说明外国货币升值；若一定数额的本国货币能兑换的外国货币比原来增多，则说明外国货币的币值下跌，本国货币的币值上升。目前在国际外汇市场上，欧元、英镑、澳元等均为间接标价法。

2. 汇率的种类

（1）买入汇率、卖出汇率、中间汇率

外汇是一种特殊金融商品。银行经营外汇买卖业务需要一定的成本，也需要赚

取一定的利润。因此，所有经过银行交易的外汇的汇率都分为买入汇率和卖出汇率。

1）买入汇率（buying rate），即买入价。在采用直接标价法报价时，银行报出的外币的两个本币价格中，前一个数字（外币折合本币数较少的那个汇率）就是买入价；在采用间接标价法的情况下则相反，银行报出的本币的两个外币价格中，后一个较大的外币数字是银行愿意以一单位的本币而买进的外币数，即外汇的买入价。

2）卖出汇率（selling rate），即卖出价。在采用直接标价法时，银行报出的外币的两个本币价格中，后一个数字（外币折合本币数较多的那个汇率）是卖出价；在采用间接标价法报价时，本币的两个外币价格中，前一个较小的外币数字是银行愿意以一单位的本币而付出的外币数，即外汇卖出价。

买入价和卖出价都是站在银行（而不是客户）的角度来定的，其差额称"买卖差价"，一般为1%～5%。其计算公式为

$$买卖差价＝（卖出价－买入价）/卖出价×100\%$$

买入价和卖出价的价差越小，对于投资者来说意味着成本越小，同时也说明外汇银行的经营越有竞争性或外汇市场越发达。银行（或交易商）向客户的报价点差依各家情况差别较大，目前国外保证金交易的报价点差基本在3～5点，香港在6～8点，国内银行实盘交易在10～50点不等。例如，美元与英镑由于交易频繁且交易额较大，能形成规模效益，所以纽约和伦敦外汇市场上，这两种货币的买卖差价只有0.5‰。

3）中间汇率（middle rate），即中间价。它是买入汇率与卖出汇率的算术平均数，即

$$中间汇率＝（买入汇率＋卖出汇率）/2$$

我国企业内部的会计核算要求使用中间价。报刊、电台、电视通常报告的是中间价，它常被用作汇率分析的指标。

此外，银行在对外挂牌公布汇率时，还另注明外币现钞汇率（bank notes rate），这主要是针对一些对外汇实行管制的国家。由于外币现钞在本国不能流通，需要把它们运至国外才能使用，在运输现钞过程中需要花费一定的保险费、运费，所以银行购买外币现钞的价格要略低于购买外汇票据的价格，而卖出外币现钞的价格一般和外汇卖出价相同。

（2）基本汇率和套算汇率

由于外国货币种类很多，一国在制定本国货币的对外汇率时，逐一地根据它们的实际价值进行对比来确定，既麻烦也没有必要。一般做法是：在众多的外国货币中选择一种货币作为关键货币，根据本国货币与这种关键货币的实际价值对比，制定出对它的汇率，称为基本汇率（base rate），而后其他各种外国货币与本币之间的汇率可以通过基本汇率和国际金融市场行情套算出来，这样得出的汇率就称为套算汇率（cross rate）或交叉汇率。

从基本汇率和套算汇率的分类可知，一国所制定的汇率是否合理在很大程度上取决于关键货币的选择合理与否，因此各国政府对关键货币的选择都非常慎重，一般来说遵循三条原则：第一，必须是该国国际收支中，尤其是国际贸易中使用最多的货币；第二，必须是在该国外汇储备中所占比重最大的货币；第三，必须是可自由兑换的、在国际上可以普遍接受的货币。由于美元在国际上的特殊地位，不少国家都把美元选择为关键货币，而把对美元的汇率作为基本汇率。套算汇率的具体套算方法可分为以下三种情况。

1）两种汇率的中心货币相同时，采用交叉相除法。

例如，即期汇率行市 1USD＝7.797 2/7.801 2HKD，1USD＝109.510 0/109.910 0 JPY，则：

港币对日元的套算买入价为

$$1HKD＝109.510 0/7.801 2JPY＝14.037 6JPY$$

港币对日元的套算卖出价为

$$1HKD＝109.910 0/7.797 2JPY＝14.096 1JPY$$

2）两种汇率的中心货币不同时，采用同边相乘法。

例如，即期汇率行市 1USD＝7.797 2/7.801 2HKD，1GBP＝1.767 8/1.772 4USD，则：

英镑对港币的套算买入汇率为

$$1GBP＝7.797 2×1.767 8HKD＝13.783 9HKD$$

英镑对港币的套算卖出汇率为

$$1GBP＝7.801 2×1.772 4HKD＝13.826 8HKD$$

3）按中间汇率求套算汇率。

例如，某日电信行市 1GBP＝1.770 1USD，1USD＝109.71JPY，英镑对日元的套算汇率为

$$1GBP＝1.770 1×109.71JPY＝194.197 6JPY$$

（3）固定汇率和浮动汇率

1）固定汇率（fixed exchange rate）是指一国货币同另一国货币的汇率保持基本固定，汇率的波动限制在一定幅度以内。固定汇率是在金本位制（gold standard）和布雷顿森林货币体系（Bretton Woods Monetary System）下各国货币汇率安排的主要形式。在金本位制下，货币的含金量是决定汇率的基础，黄金输送点是汇率波动的界限，在这种制度下，各国货币的汇率变动幅度很小，基本上是固定的，故称固定汇率；第二次世界大战后到 20 世纪 70 年代初，在布雷顿森林货币体系下，因国际货币基金组织的成员国货币与美元挂钩，规定它的平价，外汇汇率的波动幅度也规定在一定的界限以内（±1%），因而也是一种固定汇率。

2）浮动汇率（floating exchange rate）是指一个国家不规定本国货币的固定比价，也没有任何汇率波动幅度的上下限，而是听任汇率随外汇市场的供求关系自

由波动，浮动汇率是自 20 世纪 70 年代初布雷顿森林货币体系崩溃以来各国汇率安排的主要形式，但是各国所实行的浮动汇率在具体内容上还是有所区别的。

（4）单一汇率和复汇率

1）单一汇率（single exchange rate）是指一国货币对某种货币仅有的一种汇率，各种收支都按这种汇率结算。

2）复汇率（multiple exchange rate）是指一国货币对某一外国货币的比价因用途及交易种类的不同而规定有两种或两种以上的汇率。一国实行复汇率的主要目的是为了某些特殊的经济利益，如鼓励出口、限制资本流入等。这种汇率安排方式在发展中国家，尤其是在较落后的发展中国家还具有一定的普遍性，不过由于各国具体情况不同，采用的复汇率在性质上也有差异。

（5）电汇汇率、信汇汇率、票汇汇率

1）电汇汇率（T.T. rate）是银行以电讯方式买卖外汇时所采用的汇率。由于电汇具有收付迅速安全、交易费用相对较高的特点，一方面，电汇汇率要比信汇汇率、票汇汇率高；另一方面，在当前信息社会，在国际业务中基本上以电汇业务支付结算，因而电汇汇率是基础汇率，其他汇率都是以电汇汇率为基础来计算，西方外汇市场上所显示的汇率，多为银行的电汇汇率。

2）信汇汇率（M.T. rate）是指以信函方式通知收付款时采用的汇率。信汇业务具有收付时间慢、安全性低、交易费用低的特点，因此一般来说，信汇汇率相对于电汇汇率要低一些。

3）票汇汇率（draft rate）是指兑换各种外汇汇票、支票和其他各种票据时所采用的汇率。票汇汇率根据票汇支付期限的不同，又可分为即期票汇汇率和远期票汇汇率。即期票汇汇率是银行买卖即期外汇的汇率，较电汇汇率低，大致同信汇汇率相当；远期票汇汇率是银行买卖远期票汇的汇率。由于远期票汇交付时间比较长，所以其汇率比即期票汇汇率还要低。

（6）即期汇率和远期汇率

即期汇率（spot exchange rate）是指买卖双方成交后，于当时或两个工作日之内进行外汇交割时所采用的汇率；而远期汇率（forward exchange rate）是指买卖双方成交后，在约定的日期办理交割时采用的汇率。

3. 影响汇率的因素

（1）国际收支的影响

外汇的供给和需求体现着国际收支平衡表所列的各种国际经济交易，国际收支平衡表中的贷方项目构成外汇供给，借方构成外汇需求。一国国际收支赤字就意味着外汇市场上的外汇供不应求，本币供过于求，结果是外汇汇率上升；反之，一国国际收支盈余则意味着外汇供过于求，本币供不应求，结果是外汇汇率下降。在国际收支中，贸易项目和资本项目对汇率的影响最大。

（2）通货膨胀的差异

国内外通货膨胀的差异是决定汇率长期趋势的主导因素，在不兑现的信用货币条件下，两国之间的比率是由各自所代表的价值决定的。如果一国通货膨胀高于他国，该国货币在外汇市场上就会趋于贬值，反之，则趋于升值。

（3）利率的影响

如果一国利率水平相对高于他国，就会刺激国外资金流入，由此改善资本账户，提高本币的汇率；反之，如果一国的利率水平相对低于他国，则会导致资金外流，资本账户恶化。

（4）经济发展增长的差异

国内外经济增长的差异对汇率的影响是多方面的，经济的增长、国民收入的增加意味着购买力的增强，由此会带来进口的增加；经济增长同时还意味着生产率的提高，产品竞争力的增加，对进口商品的需求的下降。另外，经济增长也意味着投资机会的增加，有利于吸引外国资金的流入，改善资本账户。从长期看经济的增长有利于本币币值的稳中趋升。

（5）市场预期

国际金融市场的游资数额巨大，这些游资对世界各国的政治、军事、经济状况具有高度敏感性，由此产生的预期支配着游资的流动方向，对外汇市场形成巨大冲击，预期因素是短期内影响外汇市场的最主要因素。

（6）货币管理当局的干预

各国货币当局为了使汇率维持在政府所期望的水平上，会对外汇市场进行直接干预，以改变外汇市场的供求状况，这种干预虽然不能从根本上改变汇率的长期趋势，但对外汇的短期走势仍有重要影响。

（三）明确外币账户的设置

外贸企业涉及记账本位币以外业务，往往需要设置外币账户。企业需要设置的外币账户主要有外币现金、外币银行存款以及用外币结算的债权债务账户，如银行存款、应收外汇账款及应付外汇账款等，其明细账户需按币种设置，日记账或明细账格式应采用复币三栏式。

外币业务的处理有外币统账制和外币分账制两种方法。我国绝大多数企业采用外币统账制，只有银行等少数金融企业采用外币分账制。外币分账制是指企业在日常核算时按照外币原币记账，编制会计报表时再折算为记账本位币；统账制是指所有外币账户在业务发生时（相关外币账户的余额增减变动时），企业应按照业务交易发生日的即期汇率（也可以按照系统合理的方法确定的、与交易发生日即期汇率近似的汇率），将外币金额折算为记账本位币金额反映，期末时要将外币账户的期末余额按期末市场汇率折算为记账本位币（外币余额×期末汇率），并将其与账面上的记账本位币之间的差额确认为汇兑损益。具体做法详见本项目任务三。

任务三　掌握外汇汇兑损益的核算

（一）明确汇兑损益的概念

汇兑损益（profit or loss on exchange）是指外币货币性项目，因资产负债表日即期汇率与初始确认时，或前一资产负债表日即期汇率不同而产生的汇兑差异。所谓货币性项目是指企业持有的货币资金和将以固定或可确定的金额收取的资产或偿付的负债。汇兑损益实际上是外汇风险在会计上的具体表现。企业经营期间正常发生的汇兑损益，根据产生的业务，一般可划分为如下四种。

1）交易外币汇兑损益，是指在发生以外币计价的交易业务时，因收回或偿付债权、债务而产生的汇兑损益。

2）兑换外币汇兑损益，是指在发生外币与记账本位币或一种外币与另一种外币进行兑换时产生的汇兑损益。

3）调整外币汇兑损益，是指在现行汇率制下，会计期末将所有外币性债权、债务和外币性货币资金账户，按期末社会公认的汇率进行调整而产生的汇兑损益。

4）换算外币汇兑损益，是指会计期末为了合并会计报表或为了重新修正会计记录和重编会计报表，而把外币计量单位的金额转化为记账本位币计量单位的金额，在此过程中产生的汇兑损益。

（二）了解汇兑损益产生的原因

汇兑损益主要是由两种情况引起的。一是外币存款在使用时和外币债权、债务在结算时，由于入账时间和汇率的不同，折合为记账本位币时发生的差额，即外汇交易风险所发生的汇兑损益；二是不同货币之间进行兑换，由于实际兑换的汇率与记账汇率或账面汇率不同，折合为记账本位币时发生的差额，即外汇买卖风险所发生的汇兑损益。

（三）明确汇兑损益的确认方法

1. 逐笔折算法

逐笔折算法，即对每笔外币业务采用交易发生日的即期汇率，也可以按照系统合理的方法确定的、与交易发生日即期汇率近似的汇率，将外币金额折算为记账本位币金额，每结算一次或收付一次，依据账面汇率计算一次汇兑损益，期末

（月末、季末、年末）再按市场汇率进行调整，调整后的期末人民币余额与原账面人民币余额的差额作为当期汇兑损益。在这种方法下，外币资产和负债的增加采用企业选用的市场汇率折合，外币资产和负债的减少选用账面汇率进行折合，其账面汇率的计算可以采用先进先出法、加权平均法等方法确定。

逐笔折算法，即对每一笔外币业务，如发生折算差异，应逐笔确认为汇兑损益。

2. 集中折算法

集中折算法，即对每笔外币业务，采用交易发生日的即期汇率，也可以按照系统合理的方法确定的、与交易发生日即期汇率近似的汇率，将外币金额折算为记账本位币金额反映，在银行存款、债券、债务减少时，不注销原账户的账面汇率，除外币兑换业务外，平时不确认汇兑损益，待期末（月末、季末、年末）进行汇率调整后汇总确认汇兑损益。

逐笔折算法和集中折算法计算的结果是一致的。

（四）明确汇兑损益的确认原则

外汇风险所发生的汇兑损益需要通过会计核算来加以确认，这就产生了汇兑损益确认归属问题。具体包括以下原则。

1）企业因采购、销售商品、提供劳务等业务发生的汇兑损益，计入当期损益。

2）为购建固定资产发生的汇兑损益，在固定资产达到预定可使用状态前发生的计入购建成本；在固定资产达到预定可使用状态后发生的，计入当期损益。

3）为购入无形资产发生的汇兑损益，全部计入无形资产价值。

4）企业筹建期间发生的汇兑损益，并入开办费，自企业投产营业之日起一次摊销计入损益。

5）对外投资及收回投资时发生的汇兑损益，计入当期损益。

6）企业支付投资者利润发生的汇兑损益，计入当期损益。

7）企业内部外币转账业务发生的折合记账本位币差额以及外币现钞，存入外币存款户，或从外币存款账户支取外币现钞发生的折合记账本位币差额，计入当期损益。

8）企业终止清算期间发生的汇兑损益，计入清算损益。

（五）汇兑损益核算举例

【例 3.1】 飞天外贸进出口公司（该公司采用集中折算法确认汇兑损益）记账本位币采用人民币，记账汇率采用当日中间牌价，各有关外币账户 3 月初余额如表 3.1 所示。请核算 3 月份发生的与外汇有关的业务。

表 3.1 外币账户 3 月初余额

账户名称	原 币	账面汇率	人民币/元
银行存款——美元户	5 000 美元	6.50	32 500
银行存款——港币户	10 000 港币	0.85	8 500
应收账款——甲（美元户）	5 000 美元	6.50	32 500
应付账款——乙（美元户）	3 000 美元	6.50	19 500

【解析】 3 月份发生的与外汇有关的业务如下：

1）3 月 1 日，汇率 6.48，向甲出口产品售价 8 000 美元，款未收。

借：应收外汇账款——甲（美元户） （USD8 000×6.48） 51 840
　　贷：主营业务收入 51 840

2）3 月 3 日，汇率 6.47，上月甲所欠 5 000 美元，今日收到。

借：银行存款——美元户 （USD5 000×6.47） 32 350
　　贷：应收外汇账款——甲（美元户） 32 350

3）3 月 5 日，汇率 6.47，向乙进口材料 7 000 美元，今收到发票提货单，款未付。

借：在途物资 45 290
　　贷：应付外汇账款——乙（美元户） （USD7 000×6.47） 42 290

4）3 月 10 日，汇率 6.45，收到 1 日向甲出口产品的货款，存入银行。

借：银行存款——美元户 （USD8 000×6.45） 51 600
　　贷：应收外汇账款——甲（美元户） 51 600

5）3 月 14 日，汇率 6.45，上月欠乙应付款 3 000 美元，今以银行美元存款付讫。

借：应付外汇账款——乙（美元户） （USD3 000×6.45） 19 350
　　贷：银行存款——美元户 19 350

6）3 月 20 日，汇率 6.44，支付外方经理工资 2 500 美元。

借：应付职工薪酬——职工工资 16 100
　　贷：银行存款——美元户 （USD2 500×6.44） 16 100

7）3 月 25 日，汇率 6.60，从美元户存款中支出 1 000 美元兑换成人民币，美元银行买入价 6.509 9 元。

借：银行存款——人民币户 6 509.90
　　财务费用——汇兑损益 90.10
　　贷：银行存款——美元户 （USD1 000×6.60） 6 600

8）3 月 30 日，港币汇率 0.843 7，美元汇率 6.575 7，以 5 475 美元户存款兑换港币存入港币户，港币银行卖出价 0.845 4 元，美元银行买入价 6.562 5 元。

借：银行存款——港币户出境
　　　　（[USD5 475×6.562 5÷0.845 4]×0.843 7） 35 857.44
　　财务费用——汇兑损益 144.52
　　贷：银行存款——美元户 （USD5 475×6.575 7） 36 001.96

9）月末汇率，美元为 6.52 元，港币为 0.85 元，各账户金额调整如表 3.2～表 3.5 所示，月终调整分录。

借：银行存款——港币户　　　　　　　　　　　267.75
　　银行存款——美元户　　　　　　　　　　　884.96
　　贷：应收外汇账款——甲（美元户）　　　　　　　390
　　　　应付外汇账款——乙（美元户）　　　　　　　200
　　　　财务费用——汇兑损益　　　　　　　　　　562.71

表 3.2　银行存款——港币户

日　期	摘要	借　方			贷　方			余　额		
		外　币	汇　率	本位币	外　币	汇　率	本位币	外　币	汇　率	本位币
3/01	月初余额							10 000	0.85	8 500
3/30	美元兑换	42 500.22	0.843 7	35 857.44				52 500.22		44 357.44
3/31	月末调整			267.75				52 500.22	0.85	44 625.19

表 3.3　应收账款——甲（美元户）

日　期	摘要	借　方			贷　方			余　额		
		外　币	汇　率	本位币	外　币	汇　率	本位币	外　币	汇　率	本位币
3/01	月初余额							5 000	6.5	32 500
3/01	销售产品	8 000	6.48	51 840				13 000		84 340
3/03	收回上月欠款				5 000	6.47	32 350	8 000		51 990
3/10	收回 1 日欠款				8 000	6.45	51 600	0		390
3/31	月末调整						390			0

表 3.4　银行存款——美元户

日　期	摘要	借　方			贷　方			余　额		
		外　币	汇　率	本位币	外　币	汇　率	本位币	外　币	汇　率	本位币
3/01	月初余额							5 000	6.50	32 500
3/03	收回上月账款	5 000	6.47	32 350				10 000		64 850
3/10	收回 1 日货款	8 000	6.45	51 600				18 000		116 450
3/14	支付上月欠款				3 000	6.45	19 350	15 000		97 100
3/20	支付外方工资				2 500	6.44	16 100	12 500		81 000
3/25	兑换人民币				1 000	6.60	6 600	11 500		74 400
3/30	兑换港币				5 475	6.5757	36 001.96	6 025		38 398.04
3/31	月末汇率调整			884.96				6 025	6.52	39 283.00

表 3.5 应付账款——乙（美元户）

日期	摘要	借方			贷方			余额		
		外币	汇率	本位币	外币	汇率	本位币	外币	汇率	本位币
3/01	月初余额							3 000	6.50	19 500
3/05	购入材料款				7 000	6.47	45 290	10 000		64 790
3/14	上月欠款付讫	3 000	6.45	19 350				7 000		45 440
3/31	月末汇率调整						200	7 000	6.52	45 640

小　结

● 外币、外汇、汇率、汇兑损益及其核算自始至终是外贸会计的主要内容，而制约和指导外汇核算的国内法规、国际惯例又比较多，而且变动较快，应注意学习，防止滞后。

● 法规、制度、范例虽有变，但本书所讲汇兑损益的确认原则、确认方法应当相对稳定，但也不排除有新理论、新观点、新方法的总结和发现，企业可结合行业特点、管理要求和会计人员素质等条件，在制度允许的范围内选择外汇核算模式和核算方法。

思考与训练

一、复习思考题

1．外币的种类有哪些？
2．简述影响汇率的因素。
3．汇率的分类有哪些？划分依据是什么？
4．我国对出口收汇有哪些管理条例？
5．汇兑损益产生的原因及其会计处理原则是什么？

二、客观训练题

（一）选择题

1．以整数单位的外国货币为标准，折算为若干数额的本国货币的标价法是（　　）。

　　A．直接标价法　　B．间接标价法　　C．美元标价法　　D．应收标价法

2．通常情况下，一国的利率水平较高，则会导致（　　）。

　　A．本币汇率上升，外币汇率上升　　B．本币汇率上升，外币汇率下降
　　C．本币汇率下降，外币汇率上升　　D．本币汇率下降，外币汇率下降

3．企业在采用外币业务发生时的市场汇率作为折算汇率的情况下，将人民币

兑换成外币时所产生的汇兑损益，是指（　　　）。

    A．银行买入价与当日市场汇率之差所引起的折算差额

    B．执行卖出价与当日市场汇率之差所引起的折算差额

    C．账面汇率与当日市场汇率之差所引起的折算差额

    D．账面汇率与当日银行卖出价之差所引起的折算差额

4．某企业按规定开设外币现汇账户，按照现行会计制度的规定，该企业的下列外币业务中，无须在业务发生时就确认为汇兑损益的有（　　　）。

    A．从银行借入外币借款　　　　　B．将外币卖给银行

    C．从银行买入外币　　　　　　　D．收回用外币结算的应收账款

5．外汇是指以外国货币表示的（　　　）。

    A．外币　　　　B．人民币　　　　C．国际支付手段　　D．记账汇率

6．下列表述中，正确的是（　　　）。

    A．外币仅指本国货币以外的其他国家和地区的货币

    B．外币交易是指以记账本位币以外的货币（外币）进行的款项收付、往来结算、接受投资以及筹资等交易

    C．外币折算是指把外币换成本国货币，把本国货币换成外币，或不同外币之间互换

    D．外汇指一国持有的以外币表示的用以进行国际结算的支付手段，不包括外国货币

7．外币交易事项的发生和结算未在本期内全部完成，由于其交易发生日和会计报表编制日的汇率不同而产生的汇兑损益是指（　　　）。

    A．已实现外币交易汇兑损益　　　B．未实现外币交易汇兑损益

    C．外币报表折算损益　　　　　　D．外币报表换算损益

8．企业外币兑换，外币交易中发生的汇兑损益，应计入当期损益，在（　　　）账户中列支。

    A．盈余公积　　B．管理费用　　　C．财务费用　　　D．营业外收入

9．企业发生的外币交易事项应设置外币账户进行核算，这类账户应采用（　　　）方式记载。

    A．只采用外币　　　　　　　　　B．只采用记账本位币

    C．只采用人民币　　　　　　　　D．复币式

10．现行汇率法下，外币报表的折算差额应列示于（　　　）。

    A．利润表　　B．利润分配表　　C．合并报表　　　D．资产负债表

（二）判断题

1．直接标价法下，汇率的上升意味着本币升值，外币贬值。　　　　（　　　）

2．如果名义汇率是以间接标价法给出的，则实际汇率的上升意味着本币的贬值，外币的升值。　　　　　　　　　　　　　　　　　　　　　　　　　　（　　　）

3．本国利率高于外国，则资本从外国流向本国。　　　　　　　　（　　　）

4．实际汇率上升，利于进口增加；反之，进口减少。　　　　　　（　　　）

5．我国出口收汇核销实行属地原则，出口单位应在其所在地外汇管理局办理该项工作。（　　）

6．根据我国出口收汇核销制度，企业向银行结汇时必须提交核销单；否则，银行不予核销。（　　）

7．企业发生的外币业务，应当将外币金额折算为人民币金额入账。（　　）

8．属于为购建固定资产而发生的汇兑损失，在固定资产达到预定可使用状态后应计入固定资产价值。（　　）

9．编表货币与记账本位币应当保持一致。（　　）

10．对于只有外币现汇账户的企业，在本期未发生外币的情况下，企业不可能存在外币汇兑损益的核算问题。（　　）

三、业务操作题

目的：练习企业外汇汇兑损益业务的核算。

资料：华业外贸企业采用当日汇率对外币业务进行折算，并按月计算汇兑损益。该公司发生下列有关经济业务。

（1）该企业 2010 年 12 月 31 日有关外币账户期末余额如下（期末汇率 1 美元兑换 6.52 元人民币）：应收账款 10 万美元，应付账款 5 万美元，银行存款 20 万美元。

（2）该企业 2011 年 1 月份发生如下外币业务：

1）1 月 5 日对外销售产品一批，销售收入为 20 万美元，当日汇率为 1 美元兑换 6.50 元人民币，款项尚未收回。

2）1 月 10 日从银行借入短期外币借款 18 万美元，当日汇率为 1 美元兑换 6.48 元人民币。

3）1 月 12 日从国外进口原材料一批，共计 22 万美元，款项由外币存款支付，当日汇率为 1 美元兑换 6.51 元人民币（为简化会计核算，假设该企业购进的原材料均免征增值税）。

4）1 月 18 日购进原材料一批，价款总计 16 万美元，款项尚未支付，当日汇率为 1 美元兑换 6.45 元人民币。

5）1 月 20 日收到 1 月 5 日赊销款 10 万美元，当日汇率为 1 美元兑换 6.51 元人民币。

6）1 月 31 日偿还 1 月 10 日借入的外币 18 万美元，当日汇率为 1 美元兑换 6.50 元人民币。

要求：

（1）编制该企业 1 月份外币业务的会计分录。

（2）计算 1 月份的汇兑损益并进行账务处理。

出口商品销售业务的核算

知识点

通过本项目相关知识的学习，学生了解和掌握以下知识点：出口商品销售业务的意义和种类；自营出口销售业务的收入计量原则；自营出口销售正常业务和其他业务的核算；代理出口销售业务的核算；进料加工和来料加工业务核算。

技能点

通过本项目知识点的学习、总结和运用，学生掌握以下技能点：通过学习自营出口销售业务核算，能够根据原始各式单据对自营出口销售、退关、退货、退补价、商品调换等业务作出会计处理；通过学习代理出口销售业务核算，能从外贸企业的角度出发，理清代理出口过程中的各关系方，掌握外汇货款的结算方法。

任务分解

1）了解出口商品销售业务的相关知识。

2）明确自营出口销售业务的核算。

3）明确代理出口业务的核算。

4）明确加工贸易出口的核算。

内容导入

出口业务是外贸经营活动的主要内容，因此出口销售业务的会计处理对于外贸会计就显得十分重要。外贸企业的每笔出口业务都要受到国际贸易惯例的约束，因此，对出口销售业务的会计处理与一般企业的销售业务的会计处理就存在着很大差异。

任务一　了解出口商品销售业务的相关知识

（一）了解出口商品销售业务的意义

出口（export）销售业务简称出口业务，它是外贸企业的一项重要业务。外贸企业通过组织工农业产品在国际市场上销售来取得外汇，而出口外汇是我国外汇收入的主要来源，它为进口我国经济发展所需要的先进生产设备和用于提高人民生活水平的商品创造了条件。

出口业务在对外贸易中处于主导地位。一个国家如果没有出口，也就没有进口。出口大于进口所表现的外汇收入顺差，构成了外汇储备的来源，它是一个国家的支付能力和经济实力的标志。所以，外贸企业应积极拓展出口销售业务，加强出口销售业务的核算和管理，安全、及时收汇，努力降低出口成本，这对于提高人民生活水平，加快国民经济的建设和发展都具有重要意义。

（二）明确出口商品销售业务的种类

出口销售业务按其经营的性质不同，可分为自营出口业务、代理出口业务和加工补偿出口业务等。

1. 自营出口业务

自营出口业务是指外贸企业自己经营出口业务，并自负出口贸易盈亏的业务。企业在取得出口销售收入、享受出口退税的同时，要承担出口商品的进价成本以及与出口贸易业务相关的国内外费用和佣金，并且还要对索赔、理赔、罚款等事项加以处理。

2. 代理出口业务

代理出口业务是外贸企业代理国内委托方办理对外洽谈、签约、托运、交单和结汇等全过程的出口贸易业务，或者仅代理对外销售、交单和结汇的出口贸易业务。外贸企业作为代理方仅收取一定比例的手续费。

3. 加工补偿出口业务

加工补偿出口业务也称"三来一补"业务，即来料加工、来件装配、来样生产和补偿贸易业务。"三来"业务是指外商提供一定的原材料、零部件、元器件，必要时提供一些设备，由我方按对方的要求进行加工或装配产成品交给对方销售，我方收取外汇加工费的业务；补偿贸易是指由外商提供生产技术、设备和必要的材料，由我方生产，然后用生产的产品分期归还外商的业务。

（三）了解出口商品销售业务的程序

外贸企业自营出口业务的主要程序分为以下几个环节。

1. 准备工作

外贸企业为了开拓国际市场，应通过各种方式（如参加交易会、展销会、订货会和互联网等）调查了解国际市场，研究国内外市场的供求关系和市场价格变化。通过与国外客户的充分接触、磋商，对有一定意向的出口业务应制定出口贸易总体规划和战略方针，做好出口贸易的准备工作。

2. 签订出口贸易合同

外贸企业与国外客户通过磋商，对各方的权利和义务达成一致意见时，必须签订贸易合同。贸易合同通常是由出口商填制，经双方审核无误后签字执行。

3. 履行出口合同

外贸企业履行出口合同的步骤分如下。
1）组织出口货源。
2）催证或通知派船。
3）办理托运手续。
4）交单结汇。
5）索赔和理赔。

任务二　明确自营出口销售业务的核算

（一）了解自营出口销售业务的相关知识

1. 自营出口销售业务的特点

自营出口销售业务是指外贸企业自主出口的销售业务。在自营出口销售业务中，取得的销售收入归外贸企业，出口商品的购货成本和与出口业务有关的一切国内外费用以及佣金、索赔、理赔、罚款等全部由外贸企业承担，即自主经营、自负盈亏。按照上述特点，凡是外贸企业以贸易方式自营出口和转口销售的商品、进料加工出口和出售国展品、样品、小卖品等，均属于自营出口销售。

2. 自营出口销售收入的计量

自营出口贸易有船上交货价，成本加运费价和成本加运费、保险费价等多种价格条件。为了规范核算口径，外贸企业不论以什么价格条件成交，均以船上交货价扣除佣金后计价。

3. 自营出口销售业务核算的账户设置

自营出口销售的会计，不仅要求全面反映出口销售过程中的经营成果，还要求具体反映不同商品的销售收入、销售成本及其盈亏的明细情况，为此，外贸企业应按企业会计制度的规定设置如下几个账户。

（1）"主营业务收入——自营出口销售收入"账户

"主营业务收入——自营出口销售收入"账户属于损益类账户，贷方登记企业实现的销售收入和以外汇支付的红字冲减收入的数额，如佣金、国外运保费；借方登记发生销售退回冲减收入数。期末将余额转入"本年利润"账户。

（2）"主营业务成本——自营出口销售成本"账户

"主营业务成本——自营出口销售成本"账户属于损益类账户，借方登记结转出口商品的销售成本；贷方登记销售退回而转回的成本以及取得的退税收入。期末将余额转入"本年利润"账户。

（3）"待运和发出商品"账户

"待运和发出商品"账户属于资产类账户，用以核算企业已经发出库待运，尚未确认商品销售的数额。借方登记发往码头、车站的商品，贷方登记结转出口成本、办理退库数额。余额在借方，表示尚未确认销售的待运和发出商品数额。

（二）明确自营出口销售正常业务的核算

1. 自营出口销售收入的核算

【例4.1】 某外贸公司向美国纽约出口黄酒的业务如下，请逐笔进行核算。

【解析】 1）储运部门开来出库凭证，列明出库黄酒220吨，每吨2 800元，予以转账，财会部门作如下分录：

借：待运和发出商品——黄酒 616 000
　　贷：库存商品——库存出口商品（黄酒） 616 000

2）收到业务部门转来销售黄酒的发票副本和银行回单，列明黄酒 220 吨，每吨 450 美元 CIF 价格，扣除 3%的出口佣金，销售净额为 96 030 美元，当日美元汇率为 1：6.50，会计分录如下：

借：应收外汇账款　　　　　　　（USD96 030×6.50）624 195
　　贷：主营业务收入——自营出口销售收入　　　　624 195

3）结转出口黄酒的销售成本，会计分录如下：

借：主营业务成本——自营出口销售成本　　　　616 000
　　贷：待运和发出商品　　　　　　　　　　　　616 000

4）收到银行通知，上述应收外汇账款已收妥。当日美元汇率为 1：6.60，会计分录如下：

借：银行存款——美元户　　　　　（USD96 030×6.60）633 798
　　贷：应收外汇账款　　　　　　　（USD96 030×6.60）633 798

5）若将上例佣金改为暗佣，则会计分录如下：

① 发出商品。

借：待运和发出商品——黄酒　　　　　　　　616 000
　　贷：库存商品——库存出口商品（黄酒）　　　616 000

② 确认销售收入。

借：应收外汇账款　　　　　　　　（USD99 000×6.60）653 400
　　贷：主营业务收入——自营出口销售收入　　　653 400
借：主营业务收入——自营出口销售收入　　　19 602
　　贷：应付外汇账款　　　　　　　（USD2 970×6.60）19 602

③ 结转销售成本。

借：主营业务成本——自营出口销售成本　　　616 000
　　贷：待运和发出商品　　　　　　　　　　　616 000

④ 结算货款。

若暗佣采用汇付结算方式，收到货款时，当日美元汇率为 1：6.50，会计分录如下：

借：银行存款——美元户　　　　　（USD99 000×6.50）643 500
　　贷：应收外汇账款　　　　　　　（USD99 000×6.50）643 500

汇付佣金时，当日美元汇率为 1：6.60，会计分录如下：

借：应付外汇账款　　　　　　　　（USD2 970×6.60）19 602
　　贷：银行存款——美元户　　　　（USD2 970×6.60）19 602

若暗佣采用议扣结算方式，当日美元汇率为 1：6.50，会计分录如下：

借：银行存款——美元户　　　　　（USD96 030×6.50）624 195
　　应付外汇账款　　　　　　　（USD2 970×6.50）19 305
　　贷：应收外汇账款　　　　　　　（USD99 000×6.50）643 500

若采用累计佣金结算，无法确认到具体商品上的，会计分录如下：

借：营业费用
　　贷：应付外汇账款

2. 支付国外运费、保险费的核算

【例4.2】 同【例4.1】资料。请逐笔进行核算。

【解析】 1）收到外轮运输公司发票1张。支付出口黄酒国外运费3 000美元，当日美元汇率1:6.50，会计分录如下：

借：主营业务收入——自营出口销售收入   19 500
    贷：银行存款——美元户   （USD3 000×6.50） 19 500

2）按出口黄酒销售发票金额99 000美元的110%向保险公司投保，保险费率为2‰，签发转账支票从外币账户支付。当日美元汇率1:6.50，会计分录如下：

借：主营业务收入——自营出口销售收入   1 415.70
    贷：银行存款——美元户   （USD217.80×6.50） 1 415.70

（三）明确自营出口销售其他业务的核算

1. 退关的核算

退关是指出口商品发货出库后，因故未能装运上船（车）就被退回仓库。

【例4.3】 某服装进出口公司收到储运部门转来退关止装入库单。列明出库衬衫200箱，每箱500元，因规格不符，已退回验收入库。请编制会计分录。

【解析】 会计分录如下：

借：库存商品——库存出口商品（衬衫）   100 000
    贷：待运和发出商品——衬衫   100 000

2. 退货的核算

出口商品销售后，因故遭到国外客户退货，财务部门应根据出口各式单据冲转出口销售收入。退货过程中发生的各项费用，先计入"待处理财产损溢"账户，待查明原因后，分别进行结转。

【例4.4】 某服装进出口公司上月出口纽约服装一批，销售金额40 000美元CIF价格，明佣400美元。请逐笔进行核算。

【解析】 1）因质量不符要求，商品被退回，收到出口退回商品提单及原发票复印件，当日美元汇率1:6.60，冲转商品销售收入的会计分录如下：

借：主营业务收入——自营出口销售收入   261 360
    贷：应收外汇账款   （USD39 600×6.60） 261 360

2）该批服装的进价成本为250 000元，冲转商品销售成本的会计分录如下：

借：待运和发出商品   250 000
    贷：主营业务成本——自营出口销售成本   250 000

3）冲减服装出口时发生的国内外费用。其中国内运杂费1 000元，国外运费634美元，国外保险费66美元。当日美元汇率1:6.60，会计分录如下：

借：待处理财产损溢 5 620
　　贷：主营业务收入——自营出口销售收入（国外运费） 4 184.40
　　　　　　　　——自营出口销售收入（国外保险费） 435.60
　　　　营业费用 1 000

4）汇付服装退回过程中发生的国外运费 634 美元，国外保险费 66 美元。当日美元汇率 1：6.50，会计分录如下：

借：待处理财产损溢 4 550
　　贷：银行存款——美元户 （USD700×6.50） 4 550

5）签发转账支票，支付退货发生的国内运杂费 1 000 元。会计分录如下：

借：待处理财产损溢 1 000
　　贷：银行存款——人民币户 1 000

6）收到退回服装的入库单。会计分录如下：

借：库存商品——库存出口商品（服装） 250 000
　　贷：待运和发出商品——服装 250 000

7）经批准，将该批服装出口退货损失转入"营业外支出"，会计分录如下：

借：营业外支出 11 170
　　贷：待处理财产损溢 11 170

3. 对外理赔的核算

理赔（settlement of claims）是指外贸企业因违反合同规定使国外客户遭受损失，受理对方根据规定提出的赔偿要求。

国外客户提出索赔时，应在合同规定的期限内且需提供必要证明，外贸企业经过确认应予赔偿的，先计入"待处理财产损溢"账户。待查明原因，再作出相应处理。处理原则如下。

1）如果在投保范围内，应由保险公司赔偿；如果属于运输单位责任的，应由运输单位赔偿。会计上借记"其他应收款"，贷记"待处理财产损溢"账户。

2）如果是由于企业自身管理不善造成的，经批准后，借记"管理费用"，贷记"待处理财产损溢"账户。

3）如果是外贸企业少发货，且商品仍在仓库中，则应作销货退回处理。同时结转"待处理财产损溢"到"主营业务收入——自营出口销售收入"的借方。

4）如果是外贸企业错发商品，双方同意以调换商品的方式处理的，应调整库存、销售收入和销售成本。对商品在出口以及调换过程中发生的国内外费用先计入"待处理财产损溢"账户。经批准后，再计入"营业外支出"账户。

5）如果是外贸企业错发商品，双方协商不调换商品，以退补价方式处理的，应调整库存、销售收入和销售成本。同时结转"待处理财产损溢"到"主营业务收入——自营出口销售收入"的账户。

现就错发商品的情况举例说明。

【例 4.5】 某服装进出口公司上月出口美国特大号羽绒服 5 000 件，每件 18

美元 CIF 价格，货款 90 000 美元，明佣 1 800 美元，记账汇率为 1∶6.50，款项尚未收取。现因美国客户收到的是大号羽绒服，规格不符，索赔 6 000 美元。经审核无误后，同意理赔。当日美元汇率 1∶6.50。请逐笔进行核算。

【解析】 1）确认理赔的会计分录如下：

借：待处理财产损溢 39 000

　　贷：应付外汇账款 （USD6 000×6.50） 39 000

2）双方协商不调换商品，以退补价方式处理。大号羽绒服的每件售价为 16 美元，记账汇率为 1∶6.50，调整收入的会计分录如下：

借：主营业务收入——自营出口销售收入（退差价） 65 000

　　贷：主营业务收入——自营出口销售收入（佣金） 2 600

　　　　应收外汇账款 （USD9 600×6.50） 62 400

3）若特大号羽绒服的进价成本为每件 120 元，大号羽绒服的进价每件为 100 元，调整销售成本的会计分录如下：

借：库存商品——库存出口商品（特大号羽绒服） 600 000

　　贷：库存商品——库存出口商品（大号羽绒服） 500 000

　　　　主营业务成本——自营出口销售成本 100 000

4）经批准，结转"待处理财产损溢"会计分录如下：

借：营业外支出 39 000

　　贷：待处理财产损溢 39 000

【例 4.6】 同【例 4.5】资料。请逐笔进行核算。

【解析】 1）若双方协商以调换商品方式处理，确认理赔的会计分录如下：

借：待处理财产损溢 39 000

　　贷：应付外汇账款 （USD6 000×6.50） 39 000

2）支付调换商品的国外运费、保险费 2 000 美元，当日美元汇率 1∶6.50。会计分录如下：

借：待处理财产损溢 13 000

　　贷：银行存款——美元户 （USD2 000×6.50） 13 000

3）经批准，将待处理财产损溢转入"营业外支出"，会计分录如下：

借：营业外支出 52 000

　　贷：待处理财产损溢 52 000

4. 索赔的核算

索赔（compensation）是指外贸企业因国外客户违反合同规定遭受损失时，根据规定向对方提出赔偿要求。

外贸企业在出现对方违约而遭受损失时，应在合同规定的期限内向国外客户提出索赔。在国外客户同意赔偿时，借记"应收外汇账款"账户，贷记"营业外收入"。

任务三　明确代理出口业务的核算

（一）了解代理出口业务的相关知识

代理出口销售业务是指外贸企业接受国内委托单位的委托，代替其办理对外销售、托运、交单和结汇等全过程的出口销售业务。如果只代替办理部分出口销售业务而未办理交单、结汇业务的，只能称为代办业务，而不能称为代理出口业务。

1. 代理出口销售业务核算应遵循的原则

外贸企业经营代理出口销售业务应遵循不垫付商品资金、不负担国内外费用、不承担出口销售业务盈亏，只按销售发票金额和规定的手续费率向委托方收取代理手续费的原则。根据这一原则，委托方必须提供出口商品，负担出口商品的一切国内外费用，并承担出口业务盈亏。但在代理出口销售过程中发生的国内外直接费用，可以先由受托的外贸企业垫付，然后向委托方收取。

外贸企业在经营代理出口销售业务前，应与国内委托单位签订代理出口合同或协议，就代理范围、保管运输、费用负担、货款结算、手续费率、索赔处理等有关业务内容作出详细规定，以明确各方的权利和责任。

2. 代理出口销售外汇货款结算的方法

外贸企业代理出口销售外汇货款结算方法有异地结汇法和全额结汇法两种。

（1）异地结汇法

异地结汇法也称委托方结汇，是指受托外贸企业在商品出口销售向银行办理交单收汇时，办妥必要的手续，银行在收到外汇货款时，将受托外贸企业代垫的国内外费用及代理手续费向受托方办理结汇，将外汇余额直接划转给委托单位。

（2）全额结汇法

全额结汇法也称受托方结汇，是指银行在收到货款时，全额向受托外贸企业办理结汇的方法。受托外贸企业收汇后，扣除垫付的国内外费用及代理手续费，将外汇余额通过银行转付给委托单位。

（二）明确代理出口业务的核算

1. 账户设置

（1）"应收外汇账款"和"应付账款"账户

设置"应收外汇账款"和"应付账款"这两个账户主要是反映受托外贸企业

与国外购货客户和国内委托方之间的货款结算业务。

（2）"其他业务收入"账户

"其他业务收入"账户核算外贸企业在代理出口销售业务过程中，按合同规定向国内委托方收取的代理手续费。

（3）表外账户"代管物资"

由于外贸企业在代理出口过程中，不垫付商品资金，所以在会计核算上不需要设置"材料采购"和"库存商品"账户。外贸企业在收到委托方代理出口商品时，以表外账户"代管物资"记录其收发情况。

2. 代理出口销售业务的账务处理

【例4.7】 上海玩具进出口公司受理苏州童车厂代理出口童车，代理手续费率为1%，货款采用全额结汇法结算。请核算代理出口过程中的相关业务。

【解析】 代理出口过程中相关业务及会计分录如下：

1）收到储运部门转来代理业务入库单，列明童车5 000辆，每辆40元。

表外账户　　　借：代管物资——苏州童车厂童车 5 000辆

2）商品发运装船，收到业务部门转来代理销售童车的发票副本和银行回单。发票列明童车5 000辆，每辆8美元CIF价格，共计货款40 000美元，暗佣800美元，当日美元汇率的中间价为6.50元。会计分录如下：

借：应收外汇账款　　　　　（USD40 000×6.50）　260 000
　　贷：应付账款——苏州童车厂　　　　　　　　　　 260 000
借：应付账款——苏州童车厂　　　　　　　　　　 5 200
　　贷：应付外汇账款　　　　　（USD800×6.50）　　 5 200
表外账户　　　贷：代管物资——苏州童车厂童车 5 000辆

3）商品发运装船，共发生国内运费1 200元，国外运保费1 000美元。当日美元汇率1：6.50，企业全部垫付。会计分录如下：

借：应付账款——苏州童车厂　　　　　　　　　　 7 700
　　贷：银行存款——人民币户　　　　　　　　　　 1 200
　　　　　　　　——美元户　　　（USD1 000×6.50）　 6 500

4）按代理协议，外贸企业收取代理手续费400美元，当日美元汇率1：6.50。会计分录如下：

借：应付账款——苏州童车厂　　　　　　　　　　 2 600
　　贷：其他业务收入——代理手续费　　　　　　　　 2 600

5）出口货款银行已收妥，企业收到银行结汇单据，假定暗佣采用议扣支付方式，当日美元汇率1：6.50。会计分录如下：

借：银行存款——美元户　　　（USD39 200×6.50）　254 800
　　应付外汇账款　　　　　　（USD800×6.50）　　 5 200
　　贷：应收外汇账款　　　　（USD40 000×6.50）　260 000

6）外贸企业将货款余额转付给苏州童车厂。会计分录如下：

借：应付账款——苏州童车厂   244 500
　　贷：银行存款   244 500

如果该代理出口业务采用异地结汇法结算货款，则上述 5）、6）业务的会计分录处理如下：

借：银行存款   10 300
　　应付外汇账款   （USD800×6.50）   5 200
　　应付账款——苏州童车厂   244 500
　　贷：应收外汇账款   （USD40 000×6.50）   260 000

7）该外贸企业代理出口销售所取得的手续费收入，按税法规定需缴纳 5%的营业税。会计分录如下：

借：其他业务成本   130
　　贷：应交税费——应交营业税   130

任务四　明确加工贸易出口的核算

（一）了解加工贸易与保税

1. 加工贸易的概念和特点

加工贸易（processing trade）是一个国家对来料或进料加工采用海关保税监管的贸易，跨国界的生产加工和销售是加工贸易的显著特点。我国《加工贸易审批管理暂行办法》规定，加工贸易是指企业从境外保税进口全部或部分原辅材料、零部件、元器件、包装材料，经境内企业加工或装配后，将制成品复出口的经营活动，包括进料加工和来料加工。进料加工（processing with imported materials）是指进口料件由经营企业付汇进口，制成品由经营企业外销出口的加工贸易；而来料加工（processing with customer's materials）是由外商提供，即不需要付汇进口，也不需要用加工费偿还，制成品由外商销售，经营企业收取加工费的加工贸易。

2. 保税的概念

加工贸易保税制度是一种国际通行的海关制度，是指经海关批准的境内企业所进口的货物在海关的监管下，在境内指定的场所储存、加工、装配并暂缓缴纳进口税费的一种海关监管业务制度。

我国现行的保税制度的形式主要有两种：一是为国际商品贸易服务的保税仓库、保税区、寄售代销和免税商店；二是为加工制造服务的进（来）料加工、保保税的具体形式有以下几种。

（1）保税仓库

保税仓库（bonded warehouse）是保税制度中应用最广泛的一种形式，是指经海关核准的专门存放保税货物的专用仓库。海关允许存放保税仓库的货物主要有三类：一是供加工贸易加工成品复出口的进口料件；二是经商务主管部门批准开展外国商品寄售业务、外国成品维修业务、外汇免税商品业务及保税生产资料市场的进口货物；三是转口贸易货物和外商寄存货物，以及国际航行船舶所需的燃料、物料和零配件等。

存储保税仓库的保税货物可以暂时不交关税，最长储存期通常是 1 年，但特殊情况下经海关批准可以延长。

（2）保税工厂

保税工厂（bonded factory）是在海关监管下用保税进口料件加工生产复出口货物的专门工厂或车间。在保税工厂中使用进口原材料、备件和组件生产出口货物是免征进口关税的。出口货物的生产必须在一个讲明的期限内完成。如果不能如期完成加工或是生产的货物不能出口，从而卖给了国内市场，就要恢复征税。

（3）保税区

保税仓库和保税工厂是在国内场所向海关申请设立的，而保税区（bonded zone）是在国境和关境之间建立起来的。关境是在国境以内由海关当局控制关税的一片领域，对进入保税区或自由贸易区的进口货物免征关税。转口用的货物或临时加工并从保税区复出口的货物不征关税，但要置于海关监管之下。

保税区具有进出口加工、国际贸易、保税仓库商品展示等功能，享有"免征、免税、保税"政策，实行"境内关外"管理模式，是中国对外开放程度最高、运作机制最便捷、政策最优惠的经济区域之一。从境外进入保税区的货物，其进口关税和进口环节税，除法律法规另有规定外，执行下列关税政策：

1）区内生产性的基础设施建设项目所需的机器、设备和其他基建物资，予以免税。

2）区内企业生产自用的生产、管理设备和自用合理数量的办公用品及其所需的维修零配件、生产用燃料以及建设生产厂房、仓储设施所需的物资、设备，予以免税。

3）保税区行政管理机构自用合理数量的管理设备和办公用品及其所需的维修零配件，予以免税。

4）区内企业为加工出口产品所需的原材料、零部件、元器件、包装物件，予以免税。

（二）明确进料加工的会计核算

进料加工是指我国具有进出口经营权的企业用外汇进口原料、材料、辅料、元器件、配套件和包装物料，加工成产品或半成品再复出口业务。进料加工业务主要由进口原辅料、加工及产品复出口三个环节组成。

1. 进口原辅料会计处理

【例4.8】 某进出口企业与外商签订进料加工复出口协议，进口原材料价格为10 000美元，当日美元汇率为1:6.50，加工成成品后再复出口。请逐笔进行核算。

【解析】 1）根据全套进口单据，会计分录如下：

借：在途物资——进料加工物资采购 　　　　　　　　　　　 65 000
　　贷：应付外汇账款 　　　　　　（USD10 000×6.50）　 65 000

2）实际支付货款时会计分录如下：

借：应付外汇账款 　　　　　　（USD10 000×6.50）　 65 000
　　贷：银行存款——美元户 　　（USD10 000×6.50）　 65 000

3）根据合同的具体情况，海关实行减免进口关税和进口增值税制度。假如按规定需执行减免85%、缴纳15%征税制度时，关税税率为20%，增值税税率为17%。会计分录如下：

借：应交税费——应交进口关税 　　（65 000×20%×15%）　 1 950
　　　　　　　——应交增值税（进）

　　　　　　　　　　[（65 000＋1 950）×17%×15%]　 1 707.23
　　贷：银行存款——人民币户 　　　　　　　　　　　 3 657.23

同时，将进口关税计入采购成本。会计分录如下：

借：在途物资——进料加工物资采购 　　　　　　　　　　 1 950
　　贷：应交税费——应交进口关税 　　　　　　　　　　 1 950

4）进口材料入库，会计分录如下：

借：原材料——进料加工 　　　　　　　　　　　　　　 66 950
　　贷：在途物资——进料加工物资采购 　　　　　　　 66 950

2. 进口料件加工的会计处理

进料加工贸易环节主要有委托加工、作价加工两种方式，具体核算见【例4.9】和【例4.10】。

（1）委托加工方式

【例4.9】 接【例4.8】资料。请逐笔进行核算。

【解析】 1）将进口料件无偿拨给加工厂进行加工，根据出库单和委托加工合同，注明加工费为10 000元。会计分录如下：

借：委托加工物资——××加工厂 　　　　　　　　　　 66 950

```
        贷：原材料——进料加工                                    66 950
```

2）完工交货，凭加工厂开来的发票和入库单支付加工费。会计分录如下：

```
    借：委托加工物资——××加工厂                             10 000
        应交税费——应交增值税（进）                          1 700
        贷：银行存款                                         11 700
```

3）加工商品入库。会计分录如下：

```
    借：库存商品——进料加工商品                             76 950
        贷：委托加工物资——××加工厂                         76 950
```

（2）作价加工方式

【例 4.10】 接【例 4.8】资料。请逐笔进行核算。

【解析】 1）企业根据加工合同，按实际进料成本作价给加工企业，凭储运部门和业务部门开具的出库单、增值税发票和加工企业开具的收据，相关会计分录如下（假设按不加价拨料）：

```
    借：应收账款——××加工厂                              78 331.50
        贷：主营业务收入——进料作价销售                     66 950
            应交税费——应交增值税（销）                    13 381.50
    借：主营业务成本——进料作价销售                         66 950
        贷：原材料——进料加工                              66 950
```

2）加工完成后，按合同规定加工费为 10 000 元，根据加工厂的增值税发票按价税合计 108 108 元从该加工厂收回成品。会计分录如下：

```
    借：库存商品——进料加工商品                             76 950
        应交税费——应交增值税（进）                       13 081.50
        贷：应收账款——××加工厂                            90 031.50
```

3）成品复出口销售 FOB 价格为 15 000 美元，当日美元汇率为 1∶8.00。会计分录如下：

```
    借：应收外汇账款          （USD15 000×6.50）  97 500
        贷：主营业务收入——进料加工出口                     97 500
    借：主营业务成本——进料加工出口                         76 950
        贷：库存商品——进料加工商品                         76 950
```

（三）明确来料加工的会计核算

来料加工是指外商提供全部原料、辅料、元器件及零部件，由中方企业按照外商提出的规格、质量、技术标准加工为成品或半成品，交由外商在国际市场上自行销售，并按照双方议定的费用标准向外商收取加工费。来料加工中由外商提供的料件一般均不作价进口。

来料加工主要是为了吸收外资，同时可以利用国内劳动力资源等方面的优势，它具有投资少、时间短、见效快的特点。

1. 来料加工与进料加工的区别

1）来料加工是对方来料，我方按其规定的花色、品种、数量进行加工，我方向对方收取约定的加工费用；进料加工是企业自营业务，企业用自身的外汇进口原料，自行安排进料，自定品种花色，自行加工后出口，自负盈亏。

2）来料加工的原料进口和成品出口往往是一笔买卖，原料的供应者往往是成品的承受人，均未发生所有权的转移；进料加工的进料和复出口是两笔独立的交易，在进出口合同上没有关系，均发生了所有权的转移。

3）来料加工的双方一般是委托加工关系，而进料加工的双方是商品买卖关系。

4）来料加工向对方收取的加工费一般通过"其他业务收入"账户核算，而进料加工成品复出口时采用"主营业务收入"和"主营业务成本"账户核算。

5）来料加工中进口料件由外商提供，国内企业既不需要付汇进口，也不需要用加工费偿还，对加工增值部分实行免税，采用的国产料件进项税额计入成本；进料加工中的进口料件由企业付汇进口，对加工增值及采用的国产料件实行"出口退税"或实行"免、抵、退"。

2. 来料加工的会计处理

来料加工有两种经营形式，即代理业务形式和自营业务形式。代理业务是指由加工企业会同外贸企业对外签订合同，由加工企业直接承担生产，通过外贸企业办理出口结汇，外贸企业作代理，收取外汇手续费；自营业务是指外贸企业独立对外签订合同，由外贸企业承担加工业务，然后组织工厂生产，外贸企业作自营向外商收取手续费。

（1）代理业务形式

1）外贸企业收到外商不计价的原辅材料，会计分录如下：

表外账户　　　借：外商来料——××材料

2）外贸企业将外商来料拨给加工厂，会计分录如下：

表外账户　　　借：拨出来料——××来料

同时，

表外账户　　　贷：外商来料——××材料

3）收到加工厂已加工完毕的成品，会计分录如下：

表外账户　　　借：代管物资——××材料

同时，

表外账户　　　贷：拨出来料——××来料

4）办理对外出口托运时，收到储运部门开具的出库单，会计分录如下：

表外账户　　　贷：代管物资——××材料

5）收到业务部门交来的有关出库单证及向银行交单的联系单时，会计分录如下：

借：应收外汇账款

　　贷：其他业务收入——来料加工

　　　　应付账款——××加工厂

6）支付国外的运保费，分录如下：

借：其他业务收入

　　贷：银行存款——外币户

7）代加工厂支付各项国内费用，会计分录如下：

借：应付账款——××加工厂

　　贷：银行存款

8）收到外商的外汇加工费时，会计分录如下：

借：银行存款

　　应付账款——××加工厂

　　贷：应收外汇账款

9）与加工厂结算并收取加工费，会计分录如下：

借：应付账款——××加工厂

　　贷：其他业务收入——手续费

　　　　银行存款

（2）自营业务形式

外商提供一切不计价的原材料、辅料、包装材料等，由进出口企业自属加工厂加工，对外收取加工费。

1）进出口企业收到外商不计价的原辅材料，会计分录如下：

表外账户　　借：外商来料——××材料

2）进出口企业投料生产，会计分录如下：

表外账户　　　借：拨出来料——××来料

同时，

表外账户　　　贷：外商来料——××材料

3）结转人工费、辅料费时，会计分录如下：

借：生产成本

　　贷：应付职工薪酬

　　　　银行存款（等）

4）完工入库时，会计分录如下：

借：库存商品——来料加工商品

　　贷：生产成本

5）成品出口银行已收妥结汇时，会计分录如下：

借：银行存款——外币户

　　贷：其他业务收入——加工费

借：其他业务成本——加工成本

　　贷：库存商品——来料加工商品

同时，

表外账户　　　贷：拨出来料——××来料

小　结

● 出口业务在对外贸易中处于主导地位。出口大于进口所表现的外汇收入顺差，构成了外汇储备的来源，它是一个国家的支付能力和经济实力的标志。所以外贸企业应积极拓展出口销售业务，加强出口销售业务的核算和管理，安全及时收汇，努力降低出口成本，这对于提高人民生活水平，加快国民经济的建设和发展都具有重要意义。

● 出口商品销售业务的种类按其经营的性质不同，可分为自营出口业务、代理出口业务和加工补偿出口业务等。

● 外贸企业自营出口业务的主要程序分为以下几个环节：准备工作、签订出口贸易合同和履行出口合同。

● 自营出口销售业务是指外贸企业自主出口的销售业务。自营出口贸易有船上交货价，成本加运费价和成本加运费、保险费价等多种价格条件。为了规范核算口径，外贸企业不论以什么价格条件成交，均以船上交货价扣除佣金后计价。

● 代理出口销售业务是指外贸企业接受国内委托单位的委托，代替其办理对外销售、托运、交单和结汇等全过程的出口销售业务。如果只代替办理部分出口销售业务而未办理交单、结汇业务的，只能称为代办业务，而不能称为代理出口业务。外贸企业代理出口销售外汇货款结算方法有异地结汇法和全额结汇法两种。

● 加工贸易保税制度是一种国际通行的海关制度，是指经海关批准的境内企业所进口的货物在海关的监管下，在境内指定的场所储存、加工、装配并暂缓缴纳进口税费的一种海关监管业务制度。我国现行的保税制度的形式主要有保税仓库、保税区、寄售代销和免税商店。

● 加工贸易是一个国家对来料加工或进料加工采用海关保税监管的贸易，跨国界的生产加工和销售是加工贸易的显著特点。进料加工是指进口料件由经营企业付汇进口，制成品由经营企业外销出口的加工贸易；而来料加工是由外商提供，既不需要付汇进口，也不需要用加工费偿还，制成品由外商销售，经营企业收取加工费的加工贸易。

思考与训练

一、复习思考题

1．试述出口商品销售业务的意义。

2．出口商品销售业务有哪些种类？分述各种业务的定义。

3．试述自营出口商品销售的业务程序。

4. 试述自营出口销售收入的计量原则。

5. 试述代理出口销售业务核算应遵循的原则。

6. 试述代理出口销售外汇货款结算的方法。

7. 试述加工贸易的概念和特点。

8. 什么是保税？保税的具体形式有哪些？

9. 试述来料加工与进料加工的区别。

二、客观训练题

（一）选择题

1. 外贸企业自营出口销售不论以什么价格条件成交，均以（   ）扣除佣金后计价。

    A. 成本加运费价格   B. 成本加运费、保险费价格

    C. 船上交货价   D. 成交价

2. 自营进口商品销售采取（   ）时，进口商品采购的核算与销售几乎同时进行。

    A. 货到结算   B. 单到结算   C. 售后回购结算   D. 出库结算

3. 外贸企业代理出口销售业务发生的费用（   ）。

    A. 由委托单位负担

    B. 由外贸企业负担

    C. 国内费用由外贸企业负担，国外费用由委托单位负担

    D. 间接费用由外贸企业负担，直接费用由委托单位负担

4. 外贸企业代理出口销售的出口退税手续由（   ）办理，出口退税款归（   ）所有。

    A. 外贸企业　外贸企业   B. 委托单位　委托单位

    C. 外贸企业　委托单位   D. 委托单位　外贸企业

（二）判断题

1. 外贸企业收到银行转来的国外出口商的全套结算单据，应与信用证对照，只有在"单证相符"的情况下，才能向开征行办理进口付款赎单手续。（   ）

2. 进口贸易审核的单据主要有发票和提单。（   ）

3. 自营进口商品销售采取单到结算方式，发生商品短缺属于运输单位负责的，外贸企业应向其索赔。（   ）

4. 外贸企业根据代理出口商品金额 CIF 价格的一定比例收取代理手续费。

（   ）

5. 国外运费是指国际贸易价格条件所规定的、应由出口商支付并负担的、从装运港到目的港的运输费用。（   ）

6. 外贸企业自营出口发生的明佣和暗佣均冲减"主营业务收入——自营出口销售收入"账户，而发生的累计佣金则列入"销售费用"账户。（   ）

7. 代理出口销售外汇货款结算有异地结汇法和全额结汇法两种。（   ）

8. 一个国家的进口贸易和出口贸易是相辅相成的，没有出口贸易，也就没有

进口贸易。 ( )

三、业务操作题

1. 目的：练习自营出口销售业务的核算。

资料：四川电器进出口公司本月销售给美国凯特电器公司彩电 500 台，采用信用证结算。本月份发生下列有关经济业务：

（1）收到储运部门转来出库单（记账联），列明出库彩电 500 台，每台 1 500 元，予以转账。

（2）签发转账支票支付安达运输公司将彩电运送上海港的运杂费 2 000 元。

（3）签发转账支票支付上海港彩电装船费 800 元。

（4）收到外轮运送公司发票 1 张，金额为 1 200 美元，系 500 台彩电的国外运费，当即签发转账支票从外币账户付讫，当日美元汇率为 1：6.50。

（5）按彩电销售发票金额 120 000 美元的 110% 向保险公司投保，保费率为 2‰，签发转账支票从外币账户支付，当日美元汇率为 1：6.60。

（6）收到业务部门转来销售彩电的发票副本和银行回单。发票列明彩电 500 台，每台 240 美元 CIF 价格，共计货款 120 000 美元，佣金率为 3%，佣金 3 600 美元，当日美元汇率为 1：6.50。同时根据出库单结转出口彩电的销售成本。

（7）收到银行转来收汇通知，销售货款已经收妥结汇，当日美元汇率为 1：6.60。

要求：编制会计分录。

2. 目的：练习自营出口销售业务的核算。

资料：长城进出口公司根据进出口贸易合同，5 月份向美国某食品公司销售干红葡萄酒 300 吨，采用信用证结算，发生下列有关经济业务：

（1）收到储运部门转来出库单（记账联），列明出库干红葡萄酒 300 吨，每吨 3 000 元，予以转账。

（2）收到业务部门转来销售干红葡萄酒的发票副本和银行回单。发票列明干红葡萄酒 300 吨，每吨 500 美元 CIF 价格，共计货款 150 000 美元。当日美元汇率为 1：6.50，根据发票和出库单分别确认出口干红葡萄酒的销售收入和结转销售成本。

（3）签发转账支票支付长远运输公司将干红葡萄酒运送上海港的运杂费 6 550 元。

（4）签发转账支票支付上海港干红葡萄酒的装船费 1 450 元。

（5）收到远洋运输公司发票 1 张，金额为 4 000 美元，系 300 吨干红葡萄酒的国外运费，当即从外币账户汇付给对方，当日美元汇率为 1：6.60。

（6）按干红葡萄酒的 CIF 价格的 110% 向保险公司投保，保费率为 3%，签发转账支票从外币性账户支付。当日美元汇率为 1：6.60。

（7）根据出口干红葡萄酒 2% 的佣金率，将应付客户的暗佣入账。当日美元汇率为 1：6.50。

（8）收到银行转来收汇通知，出口销售货款存入外币存款账户。当日美元汇率为 1:6.50。

（9）将应付的暗佣汇付给中间商，当日美元汇率为 1:6.60。

要求：编制会计分录。

3．目的：练习出口销售其他业务的核算。

资料：华美服装进出口公司出口日本神户公司服装一批，售价为 50 000 美元 CIF 价格。佣金率为 2%，该批服装的进价成本为 375 000 元，已经支付国内运杂费 1 200 元，装卸费 450 元，国外运费 1 200 美元，保险费 110 美元。以上业务办理交单付款时的美元汇率为 1:6.50，当外商验货后，发现服装规格不符，要求退货，相继发生如下业务：

（1）6 月 5 日，收到出口退回商品提单，原发票复印件，当日美元汇率 1:6.50，冲转商品销售收入（SRK280 空调每台售价 200 美元 CIF 价格），出口销售成本及商品出口时发生的国内外费用。

（2）6 月 7 日，汇付退回服装的国外运费 1 200 美元，保险费 110 美元，当日美元汇率 1:6.50。

（3）6 月 8 日，签发转账支票支付退回商品的国内运费及装卸费 1 600 元。

（4）6 月 10 日，收到储运部门转来的收货单，退回商品已验收入库。

（5）6 月 12 日，经查明退货是本公司造成的，经批准作营业外支出处理。

要求：编制会计分录。

4．目的：练习出口销售其他业务的核算。

资料：红星电器进出口公司出口美国纽约 SRK285 型号空调 100 台，每台售价 240 美元 CIF 价格，货款 24 000 美元，明佣 480 美元，当日美元汇率 1:6.50，假设外商货款已经支付。

（1）5 月 1 日，美国纽约公司验收空调时，发现型号为 SRK280 与发票不符，索赔 3 000 美元，同意理赔，当日美元汇率 1:6.50。

（2）5 月 15 日，经查明空调是本公司错发商品，应冲减商品销售收入。

（3）6 月 16 日，收到储运部门转来出库单 2 张，一张为红字出库单，列明 SRK285 空调 100 台，每台 960 元，另一张是蓝字出库单，列明 SRK280 空调 100 台，每台 920 元，调整商品销售成本。

要求：编制会计分录。

5．目的：练习代理出口销售业务的核算。

资料：大连某进出口公司代理北方工厂出口工艺扇，代理手续费为 2%，采用异地结汇法。8 月份发生下列有关经济业务：

（1）3 日，收到储运部门转来代理业务入库单，列明工艺扇 10 000 件，每件 25 元。

（2）6 日，收到储运部门转来代理业务出库单，列明工艺扇 10 000 件，每件 25 元。当日签发转账支票，支付商品发运港口装船的运杂费 1 500 元。

（3）8 日，签发转账支票 2 张，分别支付国外运费 1 000 美元，保险费 120 美元，当日美元汇率 1:6.50。

（4）10日，收到业务部门转来代理销售工艺扇给日本大阪公司的发票副本和银行回单，发票列明工艺扇 10 000 件，每件 8 美元 CIF 价格，共计 80 000 美元，暗佣 1 600 美元，当日美元汇率 1∶6.50。

（5）按代理协议，该进出口公司收取手续费 1 600 美元（折合人民币 10 400 元）。

（6）25日，收到银行转来分割收汇的通知单，剩余款项划拨给北方工厂。

（7）31日，按代理出口销售手续费收入的 5%计提营业税。

要求：

（1）编制会计分录。

（2）采用全额结汇法，编制会计分录。

6．目的：练习进料加工业务的核算。

资料：上海服装进出口公司根据合同约定，接受美国纽约服装公司进料加工。现发生下列有关经济业务：

（1）1 月 2 日，收到美国芝加哥服装公司发来衣料 3 000 米，每米 8 美元，计 24 000 美元，衣料已验收入库，当日美元汇率为 1∶6.50。

（2）1 月 3 日，将 3 000 米衣料全部无偿拨付浦江服装厂加工生产 1 000 套男西服。

（3）1 月 29 日，浦江服装厂 1 000 套男西服加工完毕，每套加工费 80 元，增值税税率 17%，当即签发转账支票付讫。

（4）1 月 30 日，储运部门转来加工商品入库单，浦江服装厂加工的 1 000 套男西服已验收入库。

（5）1 月 31 日，1 000 套西服复出口销售 FOB 价格为 50 000 美元，当日美元汇率为 1∶6.50，同时结转销售成本。

（6）2 月 15 日，收到银行转来收账通知，50 000 美元已收妥，银行扣除 50 美元收汇手续费，其余部分已存入外币存款账户，当日美元汇率为 1∶6.50。

要求：编制会计分录。

项目五

进口业务的核算

知识点

通过本项目相关知识的学习，学生了解和掌握以下知识点：
进口商品经营业务的意义和种类；进口业务的程序；自营进口商品采购成本的构成；自营进口商品销售的正常业务和其他业务的核算；代理进口业务的核算；进口付汇核销制。

技能点

通过本项目知识点的学习、总结和运用，学生掌握以下技能点：通过学习自营进口采购成本的构成，能够对从国外购进商品业务进行会计处理；通过学习自营进口商品销售的三种结算方式，能掌握外贸企业在销售进口商品时的账务处理，以及外贸企业与内贸企业销售商品时会计处理的不同之处；通过学习代理进口销售业务核算，能理清代理进口过程中的各关系方，掌握代理进口时的账务处理。

任务分解

1）了解进口商品经营业务的相关知识。
2）明确自营进口业务的核算。
3）明确代理进口业务的核算。
4）了解进口付汇核销制。

内容导入

进口业务是外贸企业的基本业务之一，因此，对进口业务的会计处理就显得十分重要。外贸企业在进口国外商品时是如何进行账务处理的？与购进国内商品的账务处理有什么不同？我们购进国外商品的最终目的是把商品销售出去，那么进口商品的销售又是怎样的？有哪些销售方式？与内贸企业的销售又有什么样的不同和相同之处呢？学完本项目，你自然会明白外贸企业对进口业务的会计处理与一般企业的会计处理差异所在了。

任务一　了解进口商品经营业务的相关知识

（一）了解进口商品销售业务的意义

进口（import）商品经营业务，简称进口业务或进口贸易，它是指外贸企业以外汇在国际市场上采购商品，满足国内生产和人民生活需要的业务。

进口业务也是外贸企业基本业务的重要组成部分。进口贸易与出口贸易两者是相辅相成、互相制约的。通过进口先进技术、先进的生产设备和国内紧缺的原材料和燃料，可以提升我国的科技水平、生产能力和国际竞争能力；通过进口国内生活短缺的生活资料，可以提高人民生活的水平；同时，还可以促进我国出口贸易业务的增长，扩大我国与世界各国的经济交往，以达到互通有无、共同发展的目的。

（二）明确进口业务的种类

进口业务按其经营性质不同，可分为自营进口业务、代理进口业务和易货贸易业务三种。

1. 自营进口业务

自营进口业务是指外贸企业自己经营进口贸易并自负进口盈亏的业务。

2. 代理进口业务

代理进口业务是指外贸企业代理国内委托单位与外商签订进口贸易合同，并负责对外履行合同的业务。对该项业务，外贸企业仅收取一定比例的手续费。

3. 易货贸易业务

易货贸易业务是指贸易双方将进口与出口结合起来进行商品交换并自负盈亏的业务。

（三）了解进口业务的程序

进口贸易的工作环节大体可分为交易前的准备工作、进口合同的签订、进口合同的履行以及对内办理结汇手续四个业务程序。各个阶段、环节之间都有密切的联系。

1. 交易前的准备工作

在进口贸易业务前，外贸企业应根据国内市场需求情况和国际市场上商品的价格、供应商的资信情况等，以及企业的利润预算来确定进口贸易业务。对于国家规定必须申请许可证的进口商品，外贸企业必须按规定申请领取许可证，然后与国内客户签订供货合同，明确进口商品的名称、规格、质量、价格、交货日期、结算方式等内容，做到以销定进。

2. 签订进口合同

外贸企业在与国内客户协商签订供货合同的同时，与国外出口商经过反复磋商，达成一致意见，签订书面合同（如属代理进口业务还应与国内用户签订代理合同或代理协议书），根据合同据以执行，这标志着进口业务的正式开始。

3. 履行进口合同

合同是对买卖双方具有约束力的法律文件，进口合同签订以后，买卖双方必须严格按照合同的规定履行合同的义务，否则，违约方将承担相应的法律责任。履行进口合同的主要工作包括以下几方面。

（1）开立信用证

对外开证是进口业务履约中的重要一环。开证时应特别注意：信用证不依附于合同，是一个独立文件，但必须与合同相符。

（2）租船订舱并通知船期

信用证开出后，应在合同规定交货期前，敦促对方及时备货，按时装运。对以 FOB 价成交的合同，应由外贸企业办理租船订舱，所以，在接到对方备货通知及预计装船日期后，应立即委托有关运输部门办理租船订舱手续，并在接到外运部门已订船舱的通知后，及时将有关船名、船期通知出口方，以便对方及时做好装船前的准备工作。

（3）接运准备及办理投保手续

货物装船后，出口方应按合同规定立即通知外贸企业，以便做好接运准备工作。若以 FOB 价格或 CFR 价格成交的合同，外贸企业还应办理货运保险，外贸企业在收到出口方装船通知后，应立即将船名、船期、提单号、品名、数量、价格、装船港通知保险公司办理保险。

（4）认真审单，付款赎单

外贸企业在收到以银行转来的全套进口结算单据后，应认真对照信用证的规定，进行严格的审核，只有在"单证相符，单单相符"的前提下，才能向银行办理进口结汇和付款赎单，审单中如发现问题，应及时与银行联系，以便采取相应措施。

（5）向海关报关，到货接运

进口商品到港后，进口方在接到外运部门的到港通知后，要抓紧办理到货接运和报关手续（应按时办理到货接运和报关，防止因积压而发生压港仓储费）。外贸企业凭提货单、发票、箱单、合同、检验证书、进口许可证，到海关申报进口，海关验证后纳税放行，在提货单上盖放行章，凭盖有海关放行章的提单到船公司提货。

（6）商品检验及对外索赔

进口商品到港后，进口方外贸企业应及时请商检部门对进口商品进行检验，发现问题应立即请商检部门出具商检证明书，在规定的期限内向出口商、运输公司或保险公司索赔。如有商品的品种、规格、品质与合同不符，原装数量不足或包装不良导致商品缺损等属于出口方责任的，应向出口方索赔；如有商品数量少于提单记载数量或其他属于运输公司责任造成的商品残损，应向运输部门索赔；因自然灾害、境外事故等造成的商品损失，应向保险公司索赔。

4. 对内办理结汇手续

进口方外贸企业在收到国外付款通知或进口商品到港通知或进口商品销售出舱通知后，按照与用户签订的合同和有关规定向国内用货单位办理货款结算。

任务二　明确自营进口业务的核算

（一）明确自营进口商品采购成本的构成

自营进口商品的采购成本由国外进价和进口税费两部分组成。

1. 国外进价

进口商品的进价一律以 CIF 价格为基础，如果与出口商以 FOB 价格或 CFR 价格成交的，那么商品离开对方口岸后，应由外贸企业负担的国外运费和保险费均应作为商品的国外进价入账。外贸企业收到的能够直接认定的进口商品佣金以红字冲减采购成本，如果为累计佣金则只能冲减"销售费用"账户。

2. 进口税费

进口税费（import duty）是指进口商品在进口环节应缴纳的计入进口商品的成本的各种税金。它包括海关征收的关税和消费税。商品进口环节征收的增值税是价外税，它不是进口材料采购成本的构成部分，应将其列入"应交税费"账户。如果进口的是固定资产，还应将进口增值税计入成本之中。

自营进口采购成本可以用公式表示为

自营进口采购成本＝境外买价＋进口方负担海外运、保费＋进口关税
＋进口消费税－收到的佣金＋国内运杂费

（二）明确自营进口商品购进业务的核算

1. 账户设置

（1）"在途物资——进口物资采购"账户

当收到银行转来的国外全套结算单据时，将其与信用证或合同条款核对相符，并通过银行向国外出口商承付款项时，借记"在途物资"账户；贷记"银行存款"账户。进口商品运抵我国口岸，向海关申报进口关税、消费税和增值税时，根据进口关税和消费税的合计数（增值税是价外税，暂不作账务处理），应借记"材料采购"账户；贷记"应交税费"账户。外贸企业收到出口商付出的佣金时，借记"银行存款"账户；贷记"材料采购"账户。

（2）"库存商品——库存进口商品"账户

当进口的材料采购完毕，验收入库，结转其采购成本时，借记"库存商品"；贷记"材料采购"账户。

（3）"应交税费"账户

外贸企业支付进口商品的关税、消费税和增值税时，应借记"应交税费"账户；贷记"银行存款"账户。

另外，还应设置"应付外汇账款"等账户。

2. 核算举例

【例5.1】 绍兴进出口公司根据进口贸易合同从美国某公司进口A商品一批，采用信用证结算。请逐笔进行核算。

【解析】 1）6月1日，接到银行转来国外全套结算单据，开列A商品60箱，每箱1 250美元，发票价值为75 000美元，FOB价格，审核无误后，购汇予以支付，当日汇率为1∶6.50。会计分录如下：

① 开信用证，预存保证金462 500元。

借：其他货币资金——信用证存款   462 500

　　　　贷：银行存款　　　　　　　　　　　　　　　　　　462 500
　　② 付款赎单。
　　　　借：在途物资——进口物资采购——美国 A 商品　　487 500
　　　　　　贷：其他货币资金——信用证存款　　　　　　462 500
　　　　　　　　银行存款　　　　　　　　　　　　　　　 25 000

　　2）6 月 2 日，购汇支付进口 A 商品国外运费 691.2 美元，保险费 2 640 美元，当日汇率为 1∶6.50。会计分录如下：
　　① 支付运费。
　　　　借：在途物资——进口物资采购——美国 A 商品　　4 492.80
　　　　　　贷：银行存款　　　　　　　　（USD691.2×6.50）　4 492.80
　　② 支付保险费。
　　　　借：在途物资——进口物资采购——美国 A 商品　　17 160
　　　　　　贷：银行存款　　　　　　　　（USD2 640×6.50）　17 160

　　3）6 月 16 日，A 商品运达我国口岸，向海关申报 A 商品应纳的进口关税税额 88 122.60 元，消费税税额 289 545.68 元，增值税税额 164 075.89 元。会计分录如下：
　　　　借：在途物资——进口物资采购——美国 A 商品　　377 668.28
　　　　　　贷：应交税费——应交进口关税　　　　　　　 88 122.60
　　　　　　　　　　　　——应交消费税　　　　　　　　289 545.68

　　4）6 月 20 日，美国公司付来佣金 1 600 美元，当日美元汇率为 1∶6.50，收到银行转来的结汇水单。会计分录如下：
　　　　借：银行存款——美元户　　　　（USD1 600×6.50）　10 400
　　　　　　贷：在途物资——进口物资采购——美国 A 商品　　10 400

　　5）6 月 22 日，500 箱进口 A 商品验收入库，结转其采购成本。会计分录如下：
　　　　借：库存商品——库存进口商品——美国 A 商品　　876 421.08
　　　　　　贷：在途物资——进口物资采购——美国 A 商品　　876 421.08

　　6）6 月 26 日，以银行存款支付进口甲的进口关税、消费税和增值税。会计分录如下：
　　　　借：应交税费——应交进口关税　　　　　　　　　 88 122.60
　　　　　　　　　　——应交消费税　　　　　　　　　 289 545.68
　　　　　　　　　　——应交增值税——进项税额　　　 164 075.89
　　　　　　贷：银行存款　　　　　　　　　　　　　　 541 744.17

（三）明确自营进口商品销售的正常业务核算

　　自营进口销售是指外贸企业根据自身经营的需要，按照国家有关规定，自行购进进口商品和物资销售给国内用户的业务。自营进口销售的盈亏，由外贸企业自行负担。

1. 自营进口商品销售成立的确认

外贸企业自营进口的商品，应以开出进口结算凭证向国内客户办理货款结算的时间作为销售成立时间。根据结算时间的不同，外贸企业与客户办理货款结算有三种方式，即单到结算、货到结算和出库结算。具体采用哪种结算方式，由外贸企业同国内客户商谈决定。

（1）单到结算

单到结算是指外贸企业不管进口商品是否到达我国港口，只要在收到银行转来的国外全套结算单据，经审核符合合同有关规定，即向国内客户办理货款结算，并确认销售收入的实现。单到结算对外贸企业以销定进、减少资金占用非常有利。

（2）货到结算

货到结算是指外贸企业在收到外运公司通知进口商品已到达我国港口后才向国内客户办理货款结算，并确认销售收入的实现。

（3）出库结算

出库结算是指外贸企业的进口商品到货后，先验收入库后出库销售时向国内客户办理货款结算，并确定销售收入的实现。

2. 自营进口商品销售核算的账户设置

（1）"主营业务收入——自营进口销售收入"账户

"主营业务收入——自营进口销售收入"账户用来核算外贸企业以自营方式进口商品的销售收入。贷方登记企业实现的销售收入和以红字冲销的销售收入，借方登记进口商品退货时归还给国内客户的退货款，期末将余额转入"本年利润"账户。

（2）"主营业务成本——自营进口销售成本"账户

"主营业务成本——自营进口销售成本"账户用来核算外贸企业以自营方式进口商品的销售成本。借方登记结转自营进口销售商品的销售成本和以红字冲减的销售成本；贷方登记进口商品退货而转回的成本，期末将余额转入"本年利润"账户。

3. 核算举例

如前所述，自营进口销售按照对国内客户办理货款结算的时间不同，其账务处理程序有以下三种情况。

（1）单到结算

在单到结算情况下，进口商品不需入库，因此，进口商品的采购核算与销售核算应同时进行。但销售时因进口商品的采购成本尚未归集齐全，不能同时结转销售成本，只有在材料采购成本归集完毕以后才能结转销售成本，这时可以将材料的采购成本直接从"材料采购"账户直接转入"主营业务成本——自营进口销售成本"账户。单到结算核算程序举例如下。

【例 5.2】 上海鸿运进出口公司以 CIF 大阪 11 300 美元向日本公司进口乙产品，美元汇率 1：6.50，对内销售 120 000 元。采用单到结算方式销售给国内客户，采用信用证结算。请逐笔进行核算。

【解析】 1）3 月 5 日，接到银行转来的国外单据，经审核无误，支付货款 73 450 元（11 300×6.50）。会计分录如下：

借：材料采购——进口材料采购——大阪乙　　　　　　　　73 450
　　贷：其他货币资金——信用证存款　　　　　　　　　　　　73 450

2）3 月 6 日，接到业务部门转来的增值税专用发票，列明乙产品价款 120 000 元，增值税 20 400 元，款项尚未收到。外贸企业开出结算单据向国内客户办理货款结算。会计分录如下：

借：应收账款——××单位　　　　　　　　　　　　　　140 400
　　贷：主营业务收入——自营进口销售收入——大阪乙　　　120 000
　　　　应交税费——应交增值税——销项税额　　　　　　　 20 400

3）3 月 20 日，货到口岸，计交应纳进口关税 10 214 元，增值税 17 522 元。会计分录如下：

借：材料采购——进口材料采购——大阪乙　　　　　　　　10 214
　　贷：应交税费——进口关税　　　　　　　　　　　　　　　10 214

4）3 月 22 日，采购完毕，结转进口成本（包括国外进价 CIF，进口关税）83 664 元。会计分录如下：

借：主营业务成本——自营进口销售成本　　　　　　　　　83 664
　　贷：材料采购——进口材料采购——大阪乙　　　　　　　　83 664

5）3 月 25 日，支付进口乙产品的进口关税和增值税。会计分录如下：

借：应交税费——应交增值税——进项税额　　　　　　　　17 522
　　　　　　　　——应交进口关税　　　　　　　　　　　 10 214
　　贷：银行存款　　　　　　　　　　　　　　　　　　　　27 736

（2）货到结算

货到结算情况下，进口商品采购成本已经归集完毕，商品销售时，可以同时结转销售成本。其核算程序举例如下。

【例 5.3】 接【例 5.2】资料（购进核算过程略），收到外运公司货到口岸通知，向国内客户办理货款结算。请逐笔进行核算。

【解析】 编制会计分录如下：

借：应收账款　　　　　　　　　　　　　　　　　　　　140 400
　　贷：主营业务收入——自营进口销售收入　　　　　　　　120 000
　　　　应交税费——应交增值税——销项税额　　　　　　　 20 400

同时，

借：主营业务成本——自营进口销售成本　　　　　　　　　83 664

　　　　　　贷：材料采购——进口材料采购——大阪乙　　　　　　83 664

（3）出库结算

　　出库结算情况下，进口商品采购成本已归集完毕，并已转入"库存商品"账户，所以，商品销售给国内客户时，可以同时结转销售成本，其核算程序举例如下。

　　【例 5.4】 接【例 5.2】、【例 5.3】资料（商品购进核算过程略）。

　　【解析】 商品验收入库时，会计分录如下：

　　　　借：库存商品——库存进口商品——大阪乙　　　　　83 664
　　　　　　贷：材料采购——进口材料采购——大阪乙　　　　83 664

　　接到进口商品销售出库单，开立进口结算单向国内客户办理货款结算，会计分录如下：

　　　　借：应收账款　　　　　　　　　　　　　　　　　140 400
　　　　　　贷：主营业务收入——自营进口销售收入　　　120 000
　　　　　　　　应交税费——应交增值税——销项税额　　 20 400

　　同时，结转销售成本：

　　　　借：主营业务成本——自营进口销售成本　　　　　 83 664
　　　　　　贷：库存商品——库存进口商品——大阪乙　　　83 664

（四）明确自营进口商品销售的其他业务核算

1. 销售退回的核算

　　自营进口商品销售采取单到结算方式。在银行转来国外全套结算单据时，在进行商品购进核算时，又进行了商品销售的核算。在商品运达我国口岸后，发现商品的质量与合同规定严重不符，外贸企业可以根据商检部门出具的商品检验证明书，按照合同规定与国外出口商联系，将商品退回给进口商，收回货款及进口费用和退货费用，然后向国内客户办理退货手续。

　　【例 5.5】 上海鸿运进出口公司 4 月 1 日接到国内客户送来商检局出具的商品检验证明书，证明 3 月 20 日到货的日本公司发来的乙产品不合格，经与日本公司联系后同意作退货处理。请逐笔进行核算。

　　【解析】 1）4 月 2 日，购汇垫付退还日本公司乙产品的国外运费 1 000 美元，保险费 300 美元，当日美元汇率 1 : 6.50。会计分录如下：

　　　　借：应收外汇账款　　　　　　（USD1 300×6.50）　8 450
　　　　　　贷：银行存款——美元户　　　　　　　　　　　　 8 450

　　2）4 月 4 日，将乙产品作进货退出的处理，并向税务部门申请退还已交的进口关税，当日汇率 1 : 6.50。会计分录如下：

　　　　借：应收外汇账款　　　　　　（USD1 300×6.50）　8 450
　　　　　　应交税费——应交消费税　　　　　　　　　　　10 214
　　　　　　贷：主营业务成本——自营出口销售成本　　　　18 664

3）4月4日，开出红字专用发票，作销货退回处理，应退给国内客户货款120 000 元，增值税 20 400 元。会计分录如下：

借：主营业务收入——自营进口销售收入   120 000
  应交税费——应交增值税——销项税   20 400
   贷：应付账款   140 400

4）4月10日，收到日本公司退回的货款及垫付费用 12 600 美元，当日美元汇率是 1：6.60，收到银行转来的结汇水单。会计分录如下：

借：银行存款——美元户 （USD12 600×6.60） 83 160
   贷：应收外汇账款   83 160

5）4月11日，签发转账支票支付国内客户乙产品的退货退税款 140 400 元。会计分录如下：

借：应付账款   140 400
   贷：银行存款   140 400

6）4月25日，收到税务机关退还已交乙产品的进口关税和增值税。会计分录如下：

借：银行存款   27 736
   贷：应交税费——应交进口关税   10 214
       ——应交增值税——进项税额 17 522

2. 自营进口索赔、理赔的核算

自营进口的商品采用单到结算的方式销售，当进口商品到达时，所有权已属于国内客户，由其检验商品。如果发生商品短缺、质量与合同规定不符，应区别情况进行处理。如果属于运输单位责任或属于保险公司负责赔偿的范围，由国内客户向运输单位或保险公司索赔；如果属于国外出口商的责任，应由外贸企业根据商检部门出具的商品检验证明书在合同规定的对外索赔期限内向出口商提出索赔，并向国内客户理赔。

【例 5.6】 上海化工国际贸易公司自营进口商品采取单到结算方式，从英国伯明翰公司进口化工原料 20 吨，每吨 2 000 英镑 CIF 价格，共计货款 40 000 英镑，佣金 800 英镑，采用信用证结算方式。请逐笔进行核算。

【解析】 1）3月1日，接到银行转来英国伯明翰公司全套结算单据，经审核无误，扣除佣金后购汇付款。当日英镑汇率为 1：10.70。会计分录如下：

借：材料采购——进口材料采购——化工原料 428 000
   贷：其他货币资金——信用证存款   419 440
     材料采购——进口材料佣金   8 560

2）3月2日，该批化工原料销售给国内客户启明公司，接到业务部门转来的增值税专用发票，开列化工原料 20 吨，每吨 30 000 元，货款 600 000 元，增值税额 102 000 元，收到转账支票，存入银行。会计分录如下：

借：银行存款 702 000

　　贷：主营业务收入——自营进口销售收入 600 000

　　　　应交税费——应交增值税——销项税额 102 000

3）3月16日，化工原料运达我国口岸，向海关申报应纳进口关税额26 500元，应纳增值税额94 605元。会计分录如下：

借：材料采购——进口材料采购——化工原料 26 500

　　贷：应交税费——应交进口关税 26 500

4）3月16日，化工原料采购完毕，结转其销售成本。会计分录如下：

借：主营业务成本——自营进口销售成本 445 940

　　贷：材料采购——进口材料采购——化工原料 445 940

5）3月20日，以银行存款支付化工原料的进口关税额和增值税额。会计分录如下：

借：应交税费——应交进口关税 26 500

　　　　——应交增值税——进项税额 94 605

　　贷：银行存款 121 105

6）3月21日，收到启明公司转来商检部门出具的商品检验证明书，证明伯明翰公司的化工原料有效成分不足，将会影响其使用效果。现向外商提出索赔，经协商后外商同意赔偿3 920英镑，当日英镑汇率为1:10.70。会计分录如下：

借：应收外汇账款 （GBP3 920×10.70）41 944

　　贷：主营业务成本——自营进口销售成本 41 944

7）3月23日，向启明公司开出红字专用发票，应退启明公司货款60 000元，增值税额10 200元。会计分录如下：

借：主营业务收入 60 000

　　应交税费——应交增值税——销项税额 10 200

　　贷：应付账款 70 200

8）3月24日，向税务机关申请伯明翰公司退还因化工原料有效成分不足货款已交的进口关税额2 650元。会计分录如下：

借：应交税费——应交进口关税 2 650

　　贷：主营业务成本——自营进口销售成本 2 650

9）3月27日，收到伯明翰公司付来的赔偿款3 920英镑，当日英镑汇率为1:10.70，予以结汇。会计分录如下：

借：银行存款——英镑户 （GBP3 920×10.70）41 944

　　贷：应收外汇账款 41 944

10）3月28日，签发转账支票退还启明公司货款和增值税70 200元。会计分录如下：

借：应付账款 70 200

　　贷：银行存款 70 200

11）3 月 30 日，收到税务机关退还因化工原料质量问题上退款部分已交纳的进口关税额 2 650 元，增值税额 9 460.50 元，存入银行。会计分录如下：

借：银行存款　　　　　　　　　　　　　　　　　12 110.50
　　贷：应交税费——应交进口关税　　　　　　　　　　 2 650
　　　　　——应交增值税——进项税额转出　　　　　 9 460.50

任务三　明确代理进口业务的核算

（一）了解代理进口业务的相关知识

代理进口业务是指外贸企业接受国内订货部门（委托方）的委托，使用委托单位的外汇，从国外购进商品，按进口商品的实际购进成本，即"运费、保险费在内"的货款总额计收一定的代理手续费，而不承担进口商品盈亏的一种业务。

1. 代理进口业务的特点

代理进口业务会计核算的最大特点是代理企业处于中介服务地位，它纯粹是接受其他企业委托，以订立代理合同形式进口。代理方应负责对外洽谈价格条款、技术条款、交货期及签订合同并办理运输、开证、付汇等全过程，如仅负责对外成交，不负责开证付款的，均不属于代理进口。对受托方而言，有以下几个要点。

1）不垫付资金，只是用委托方资金进口商品物资，以原价转让给委托方。一般由委托单位先预付人民币资金，待代理过程全部结束后由代理方开列"代理进口物资结算单"再进行最后结算。

2）代理进口所发生的费用，一般由委托方负担境内外直接费用，包括海外运输费、保险费、银行手续费、代理手续费。受托方承担间接费用包括开证费、电讯费等。

3）以所收取的手续费作为代理开支及赢利，一般手续费在 1%~3%，一般按 CIF 价计算，但目前远远低于这个比例，代理方所收取的手续费应交纳 5% 的营业税。

4）不承担盈亏，外方付来的佣金、索赔款全部退给委托方。

代理进口所需外汇原则上由委托方解决，如需受托方代为购汇的，则手续费由委托方负担。

2. 代理进口业务销售收入的确认

外贸企业代理进口业务，应以开出进口结算单据、向国内委托单位办理货款结算的时间确认销售收入的实现。

由于外贸企业经营代理进口业务前，已与委托单位签订了代理进口合同或协议，就代理进口商品的名称、价款条件、运输方式、费用负担、风险责任、手续费率等有关内容作出详细规定，以明确双方的权利和责任。因此，当银行转来国外全套结算单据，经审核与合同无误，支付进口商品的货款的同时，也就可以向国内委托单位办理货款结算，那么代理进口商品的销售也就实现了。

（二）明确代理进口业务的核算

1．账户设置

代理进口外贸企业不垫付资金，所以委托企业委托外贸企业进口时，必须支付现汇。由于代理进口在向国外支付货款的同时，即向国内客户办理货款结算，进口商品的购进和销售同时进行，所以，其核算不需要再设置"材料采购"账户来归集采购成本，代理进口销售外贸企业收取的只有代理手续费收入。

（1）"预收账款"账户

外贸企业代理进口业务通常要求委托单位预付货款，在收到委托单位的预付款时，借记"银行存款"账户；贷记"预收账款"账户。收到银行转来的国外全套结算单据时，将其与信用证或合同条款核对无误后，通过银行向国外出口商承付款项时，借记"预收账款"账户；贷记"银行存款"账户。在"预收账款"账户下，可以根据需要设置"预收外汇账款"明细账户。

另外，"预收账款"账户可以用"应收账款"、"应付账款"账户代替。

（2）"其他业务收入"账户

"其他业务收入"账户是用来核算外贸企业发生代理业务手续费的收入。外贸企业业务部门根据代理进口商品金额 CIF 价格的一定比例开具收取代理手续费的发票，财会部门根据业务部门转来的发票（记账联）确认代理进口业务销售收入的实现，借记"预收账款"账户，贷记"其他业务收入"账户，期末转入"本年利润"账户，记入借方。

（3）"其他业务成本"账户

"其他业务成本"账户用来核算外贸企业代理业务所发生的相关的成本和税费。发生时，记入借方，月末转入"本年利润"账户，记入贷方。

2．业务核算

【例5.7】 中华食品进出口公司受红光烟酒公司委托代理进口法国葡萄酒，以 FOB 价格成交。请逐笔进行核算。

【解析】 1）2月1日，收到红光烟酒公司预付代理进口葡萄酒款项 860 000 元，存入银行。会计分录如下：

借：银行存款　　　　　　　　　　　　　　　　　　　　860 000
　　贷：预收账款　　　　　　　　　　　　　　　　　　　　860 000

2）2月10日，购汇支付法国里昂公司葡萄酒的国外运费 1 068 欧元、保险费

132 欧元，当日欧元汇率为1:9.08。会计分录如下：

借：预收账款 10 896

    贷：银行存款——欧元户 （EUR1 200×9.08） 10 896

3）2月16日，收到银行转来法国里昂公司全套结算单据，开列葡萄酒300箱，每箱200欧元FOB价，共计货款60 000欧元，佣金1 200欧元，经审核无误，扣除佣金后购汇支付货款，当日欧元的汇率为1:9.08。会计分录如下：

借：预收账款 533 904

    贷：银行存款——欧元户 （EUR58 800×9.08） 533 904

4）2月16日，按代理进口葡萄酒货款CIF价的2.5%向红光烟酒公司结算代理手续费1 500欧元，当日欧元汇率为1:9.10。会计分录如下：

借：预收账款 13 650

    贷：其他业务收入 13 650

5）2月24日，法国葡萄酒运达我国口岸，向海关申报葡萄酒应纳进口关税196 980元、消费税84 420元、增值税143 514元。会计分录如下：

借：预收账款 424 914

    贷：应交税费——应交进口关税 196 980

            ——应交进口消费税 84 420

            ——应交增值税——进项税额 143 514

6）2月27日，按代理进口葡萄酒手续费收入的5%计提应交营业税。会计分录如下：

借：其他业务成本 682.50

    贷：应交税费——应交营业税 682.50

7）2月28日，以银行存款支付代理进口葡萄酒的进口关税额、消费税额和增值税额。会计分录如下：

借：应交税费——应交进口关税 196 980

            ——应交消费税 84 420

            ——应交增值税 143 514

    贷：银行存款 424 914

8）2月28日，与法国里昂公司进行余款结算。会计分录如下：

借：银行存款 123 364

    贷：预收账款 123 364

任务四　了解进口付汇核销制

（一）了解进口付汇核销制的意义

为了加强对进口付汇的监督管理，防止外汇流失，我国自1994年8月1日起实施进口付汇核销制。外汇管理局在 1996 年下发了《管理暂行办法》和《操作规程》，1997 年又改订为《贸易进口付汇核销监管暂行办法》。

凡从境外进口的商品，以外汇向境外出口商支付的货款、定金、尾款及贸易从属费用，以及与进口商有关的专利款、技术款等，应当办理进口付汇核销手续，具体手续由外汇管理局办理。

外汇管理局实行进出口收付汇核销制度主要是为了监督企业在货物出口后及时、足额地收回货款，进口付汇后及时、足额地收到货物，堵塞进出口收付汇环节的逃骗汇漏洞，打击套汇、逃汇等非法活动，以保证正常的外汇收支活动，促进国际收支平衡。

（二）了解进口付汇核销制流程

1）进口单位办理付汇时应按规定如实填写核销单（一式三联），属于货到汇款的还应填写有关"进口货物报关单"编号和报关币种金额，将核销单连同其他付汇单证一并送外汇指定银行审核。

2）外汇指定银行在办理付汇手续后，应将核销单第一联按货到汇款和其他结算方式分类，分别装订成册并按周向进口单位所在地外汇局报送，将第二联退进口单位，将第三联与其他付汇单证一并留存 5 年备查。

3）外汇指定银行对凭备案表付汇的，应将备案表第一联与核销单第三联一并留存备查，将第二联与核销单第二联退进口单位留存，将第三联与核销单第一联报送本银行所在地外汇局。

4）进口单位应当按月将核销表及所附核销单证报外汇局审查；应当在有关货物进口报关后一个月内向外汇管理局办理核销报审手续。在办理核销报审时，对已到货的，进口单位应当将正本进口货物报关单等核销单证附在相应核销单后（凭备案表付汇的还应将备案表附在有关核销单后），并如实填写"贸易进口付汇到货核销表"；对未到货的，填写"贸易进口付汇未到货核销表"。

5）外汇管理局审查进口单位报送的核销表及所附单证后，应当在核销表及所附的各张报关单上加盖"已报审"章，留存核销表第一联，将第二联与所附单证退进口单位。进口单位应当将核销表及所附单证保存五年备查。

6）外汇指定银行应当于每月 5 日前向外汇局报送"贸易进口付汇统计月报表"。

（三）了解外汇核销监管

1）外汇局按照总额或逐笔的方式交叉核查外汇指定银行和进口单位双向报送的核销单；根据外汇指定银行报送的核销单核查进口单位报送的核销表及所附单证；根据备案表核查进口单位和银行的付汇及核销情况。

2）外汇局根据核查情况对进口单位和外汇指定银行进行抽查。对有疑点的单证和进口单位及外汇指定银行进行重点核查，并按照有关规定随时向报关单签发地海关进行"二次核对"。货到汇款项下凭进口货物报关单办理付汇的，进口货物报关单的"二次核对"仍由外汇指定银行负责。

3）对有下列行为的进口单位，应当在接到通知后的五个工作日内向外汇局说明情况，逾期未说明情况或无正当理由的，外汇局应当按照"暂行办法"第八条的规定，将进口单位列入"由外汇局审核真实性的进口单位名单"：第一，向外汇局或外汇指定银行报审伪造、假冒、涂改、重复使用等进口货物报关单（核销联）或其他凭证的；第二，付汇后无法按时提供有效进口货物报关单或其他到货证明的；第三，需凭备案表付汇而没有备案表的；第四，漏报、瞒报等不按规定向外汇局报送核销表及所附单证或丢失有关核销单证的；第五，违反本办法其他规定的。

4）对违反本办法的外汇指定银行和进口单位，外汇局按照《中华人民共和国外汇管理条例》的规定予以处罚。

5）外汇管理局各分局应当于每月 10 日前向国家外汇管理局报送"贸易进口付汇核查考核表"。

小　　结

- 进口商品经营业务简称进口业务或进口贸易，进口业务是指外贸企业以外汇在国际市场上采购商品，满足国内生产和人民生活需要的业务。

- 进口贸易业务按其经营性质不同，可分为自营进口、代理进口和易货贸易三种。

- 进口贸易的工作环节大体可分为交易前的准备工作、进口合同的签订、进口合同的履行以及对内销售四个业务程序，各个阶段、各个环节之间都有密切的联系。

- 自营进口采购成本可以用公式表示：自营进口采购成本＝境外买价＋进口方负担海外运、保费＋进口关税＋进口消费税－收到的佣金＋国内运杂费。

- 自营进口销售是指外贸企业根据自身经营的需要，按照国家有关规定，自行购进进口商品和物资销售给国内用户的业务。自营进口销售的盈亏，由外贸企业自行负担。根据结算时间的不同，外贸企业与客户办理货款结算有三种方式，即单到结算、货到结算和出库结算。具体采用哪种结算方式，由外贸企业同国内客户商谈决定。

- 代理进口业务是指外贸企业接受国内订货部门（委托方）的委托，使用委托单位的外汇，从国外购进商品，按进口商品的实际购进成本，即"运费、保险费在内"的货款总额计收一定的代理手续费，而不承担进口商品盈亏的一种业务。

- 外汇管理局实行进出口收付汇核销制度主要是为了监督企业在货物出口后及时、足额地收回货款，进口付汇后及时、足额地收到货物，堵塞进出口收付汇环节的逃骗汇漏洞，打击套汇、逃汇等非法活动，以保证正常的外汇收支活动，促进国际收支平衡。

思考与训练

一、复习思考题

1. 什么是进口贸易业务？它有哪些意义？

2. 进口贸易业务有哪些分类？

3. 试述进口贸易业务的程序。

4. 试述自营进口材料采购成本的构成。

5. 自营进口商品销售收入如何确认？分述三种不同的确认时间。

6. 代理进口与自营进口有何区别？在会计分录上有何特点？

二、客观训练题

（一）选择题

1. 我国核算自营进口的成本时，是以（　　）价格条件为基础的。

    A. CIF　　　　　B. CFR　　　　　C. FOB　　　　　D. FCA

2. 自营进口销售核算的性质，类似于（　　）。

    A. 自营出口核算　　　　　　　　B. 国内销售核算

    C. 转口贸易核算　　　　　　　　D. 代理进口核算

3. 进出口企业代理进口业务按进口（　　）的一定比例向委托方收取外汇代理手续费。

    A. FOB 价　　　B. CIF 价　　　　C. CFR 价　　　　D. 商品国外进价

4. 自营进口材料采购过程中，下列（　　）税费不计入采购成本。

    A. FOB 价　　　　　　　　　　　B. 外贸企业承担的运保费

    C. 增值税　　　　　　　　　　　D. 关税

5. 自营进口商品销售收入确认的方式中，（　　）方式确认的时间是最早的。

    A. 单到结算　　B. 货到结算　　C. 出库结算　　　D. 代理进口核算

6. 进口业务包括（　　）。

    A. 自营进口业务　　　　　　　　B. 代理进口业务

    C. 易货贸易业务　　　　　　　　D. 国家调拨进口

7. 自营进口商品的采购成本包括（　　）。

    A. 国外进价

    B. 外贸企业收到的商品佣金

    C. 关税

    D. 除进口固定资产、工程物资外进口其他商品时的增值税

8. 自营进口向海关交税，涉及的主要税费有（　　）。

    A. 关税　　　　B. 消费税　　　　C. 增值税　　　　D. 城建税

9. 自营进口销售核算时，根据结算时间的不同，外贸企业与客户办理货款结

算有（   ）。

      A．单到结算 B．货到结算   C．出库结算   D．船到结算

（二）判断题

1．进口商品的国外进价一律以离岸价 FOB 为基础。   （ ）

2．进口商品的进口关税应是进口商品采购成本的组成部分。   （ ）

3．外贸企业收到的能够直接认定的进口商品佣金构成进口商品成本的组成部分。   （ ）

4．以 FOB 价格或 CFR 价格成交的合同，出口方应办理货运保险。 （ ）

5．单到结算方式下，商品采购完毕结转其销售成本时，借记"库存商品"。   （ ）

6．代理进口的财务原则是一般不垫付资金、不承担基本费用、不承担盈亏责任。   （ ）

7．代理手续费一般按 FOB 价计算。   （ ）

三、业务操作题

1．目的：练习自营进口商品购进的核算。

资料：大兴化工进口公司向美国威特公司进口化工原料一批，采用信用证结算，10 月份发生下列有关经济业务：

（1）3 日，接到银行转来威特公司全套结算单据，开列化工原料价格为 120 000 美元 FOB 价，经审核无误，购汇予以支付，当日美元汇率为 1∶6.50。

（2）5 日，购汇支付进口化工原料国外运保费 2 000 美元，当日美元汇率为 1∶6.60。

（3）18 日，化工原料运到我国口岸向海关申报应纳进口关税额 49 680 元，增值税额 177 357 元。

（4）20 日，美国威特公司汇来佣金 1 600 美元，当日美元汇率 1∶6.50，予以结汇。

（5）21 日，美国威特公司运来的化工原料已验收入库，结转其采购成本。

（6）25 日，以银行存款支付进口化工原料的进口关税和增值税。

要求：编制会计分录。

2．目的：练习自营进口商品采取单到结算的核算。

资料：大宏进出口公司向美国伏加公司进口甲商品，采用信用证结算方式，11 月份发生下列有关经济业务：

（1）15 日，接到银行转来美国伏加公司全套结算单据，开列甲商品 300 箱，每箱 102 美元 CIF 价格，共计货款 30 600 美元，佣金 600 美元。经审核无误，扣除佣金后，购汇付款。当日美元汇率为 1∶6.60。

（2）16 日，该批甲商品售给得胜公司，接到业务部门转来的增值税专用发票，开列甲商品 300 箱，每箱 2 000 元，共计货款 600 000 元，增值税额 102 000 元。收到得胜公司签发的商业汇票，并承兑支付全部款项。

（3）28 日，甲商品运达我国口岸，向海关申报甲商品应纳进口关税税额 86 940

元，应纳消费税额 223 560 元，应纳增值税额 95 013 元。

（4）28 日，甲商品采购完毕，结转其销售成本。

（5）30 日，以银行存款支付甲商品的进口关税额、消费税额和增值税额。

要求：编制会计分录。

3. 目的：练习自营进口商品采取出库结算的核算。

资料：中华烟酒进出口公司从法国公司进口葡萄酒，2 月份发生下列有关经济业务：

（1）2 日，接到银行转来法国公司全套结算单据，开列葡萄酒 400 箱，每箱 205 欧元 CIF 价格，共计 82 000 欧元，佣金 1 600 欧元。经审核无误后，予以支付。当日欧元汇率为 1：9.10。

（2）10 日，葡萄酒运到我国口岸，向海关申报应纳进口关税额 281 400 元，消费税 114 600 元，增值税额 194 888 元。

（3）12 日，法国运来的 400 箱葡萄酒已验收入库，结转其采购成本。

（4）15 日，以银行存款支付葡萄酒的进口关税额、消费税额和增值税额。

（5）16 日，销售给上海食品公司葡萄酒 250 箱，每箱 3 500 元，货款共计 875 000 元，增值税额 148 750 元，收到转账支票，存入银行。

（6）16 日，结转 250 箱葡萄酒的销售成本。

要求：编制会计分录。

4. 目的：练习销货退回的核算。

资料：参考上述第 2 题的资料，大宏进出口公司 12 月份接着又发生下列有关经济业务：

（1）1 日，接到得胜公司送来商检局出具的商检证明书，证明上月 28 日到货的美国伏加公司发来的 300 箱甲商品为不合格产品，经与美国伏加公司联系后同意作退货处理，垫付退还美国伏加公司的国外运费 684 美元，保险费 66 美元，当日美元汇率为 1：6.50。

（2）2 日，将 300 箱甲商品作进货退出处理，并向税务部门申请退还已交的进口关税额和消费税额，当日汇率为 1：6.60。

（3）2 日，开出红字专用发票，作销货退回处理，应退公司款 600 000 元，增值税额 102 000 元。

（4）16 日，收到美国伏加公司退回的货款及代垫费用 30 750 美元，当日美元汇率为 1：6.50，收到银行转来的结汇水单。

（5）18 日，签发转账支票支付得胜公司甲商品的退货退税款 702 000 元。

（6）25 日，收到税务机关退还已交甲的进口关税额、消费税额和增值税额。

要求：编制会计分录。

税金的核算

知识点

通过本项目相关知识的学习，学生了解和掌握以下知识点：外贸企业税金的种类；关税增值税、消费税、营业税的核算；出口货物退（免）税的政策规定及核算。

技能点

通过本项目知识点的学习、总结和运用，学生掌握以下技能点：通过学习税金的核算，能够掌握关税、增值税、消费税、营业税、出口货物退（免）税的核算。

任务分解

1）了解进出口税金的意义和种类。

2）明确税金的核算。

3）明确出口货物退（免）税核算。

内容导入

税金是指企业和个人按照国家税法规定的税率向税务部门交纳的税款。它是国家财政收入的一个重要组成部分。正确计算与核算税金是每个企业会计工作的重要一环，外贸会计亦是如此。

任务一　了解进出口税金的意义和种类

（一）了解税金核算的意义

税金（tax）直接关系到国家财政收入，关系到外贸企业成本费用及现金流量，正确核算税金是每个企业应尽的义务，外贸企业亦不例外。

（二）了解外贸企业税金的种类

外贸企业税金的种类与其他商业企业类似，主要有进口和内销涉及的增值税，进口应税消费品涉及的消费税，进出口涉及的关税，代理进出口手续费涉及的营业税，以及由此产生的城市维护建设税及教育附加，当然还会有印花税、土地使用税、房产税、车船使用税等。外贸企业除了常常会涉及关税外，还存在一个出口退税问题，接下来我们对此作详细介绍。

任务二　明确税金的核算

（一）明确关税的核算

关税的核算，应在"应交税费"账户下，设置"应交关税"二级账户，也可以分别设置"应交进口关税"，"应交出口关税"两个二级账户。

1．进口关税的核算

外贸企业进口商品应纳的关税通过"应交税费——应交进口关税"科目核算。

（1）自营进口

【例 6.1】　飞天外贸进出口公司于 2010 年 1 月 15 日从国外自营进口高档消费品一批，该商品的 CIF 价折合为人民币 350 000 元，进口商品的关税税率为 50%，消费税税率 30%，增值税税率 17%。请计算该公司关税，并进行相关会计业务处理。

【解析】　该公司关税的计算及会计处理如下：

1）计算应纳关税税额和商品采购成本：

应纳关税税额＝350 000×50%＝175 000（元）

应纳消费税额＝（350 000＋175 000）÷（1－30%）×30%＝225 000（元）

商品采购成本＝350 000＋175 000＋225 000＝750 000（元）

应纳增值税税额＝750 000×17%＝127 500（元）

2）购进商品并计算应纳的关税时，会计分录如下：

借：材料采购	750 000	
贷：银行存款		350 000
应交税费——应交进口关税		175 000
——应交消费税		225 000

3）实际缴纳关税、消费税与增值税时，会计分录如下：

借：应交税费——应交进口关税	175 000	
——应交消费税	225 000	
——应交增值税（进项税额）	127 500	
贷：银行存款		527 500

4）商品验收入库时，会计分录如下：

借：库存商品	750 000	
贷：材料采购		750 000

（2）代理进口

代理进口是指外贸企业代委托单位进口的业务，由委托单位承担进口盈亏，外贸企业只按规定收取手续费，并代征代缴进口关税，最后原数向委托单位收取进口关税。

【例6.2】　飞天外贸进出口公司接受华银生产企业的委托，代理进口乙商品一批，对方预付各种款项500 000万元。该批商品FOB价折合人民币300 000元；另支付运输费、保险费合计50 000元；应交进口关税70 000元，增值税71 400元；协议进口手续费8 500元。请对该公司相关业务进行会计处理。

【解析】　飞天公司会计处理如下：

1）收到委托方华银企业预付款项500 000元时，会计分录如下：

借：银行存款	500 000	
贷：预收账款——华银企业		500 000

2）收到进口单证向外付款及支付运输费、保险费时，会计分录如下：

借：预收账款——华银企业	350 000	
贷：银行存款		350 000

3）计算应交进口关税和增值税时，会计分录如下：

借：预收账款——华银企业	141 400	
贷：应交税费——应交进口关税		70 000
——应交增值税（进项税额）		71 400

4）实际缴纳关税和增值税时，会计分录如下：

借：应交税费——应交进口关税　　　　　　　　　　　　　　70 000

　　　　　　——应交增值税（进项税额）　　　　　　　　71 400

　　　贷：银行存款　　　　　　　　　　　　　　　　　　　　　141 400

5）结算代理进口应收手续费时，会计分录如下：

借：预收账款——华银企业　　　　　　　　　　　　　　　8 500

　　　贷：其他业务收入——手续费　　　　　　　　　　　　　　8 500

6）结清余款，多退少补，会计分录如下：

借：预收账款——华银企业　　　　　　　　　　　　　　　100

　　　贷：银行存款　　　　　　　　　　　　　　　　　　　　　100

（3）易货贸易进口

外贸企业易货贸易进口，进口关税直接在"材料采购"科目核算。会计分录如下：

借：材料采购——易货进口采购

　　　贷：应交税费——应交进口关税

实际缴纳进口关税时的会计分录为

借：应交税费——应交进口关税

　　　贷：银行存款

（4）国家调拨进口

会计分录如下：

借：材料采购——进口材料采购（国家调拨进口）

　　　贷：应交税费——应交进口关税

企业实际缴纳进口关税时的会计分录为

借：应交税费——应交进口关税

　　　贷：银行存款

（5）专项进口业务

专项进口业务是国家专项安排外贸企业进口的业务，其盈亏由企业与国家单独清算。

计算应缴纳的专项进口关税时的会计分录为

借：其他业务成本——专项销售成本

　　　贷：应交税费——应交进口关税

企业实际缴纳上述进口关税时的会计分录为

借：应交税费——应交进口关税

　　　贷：银行存款

2. 出口关税的核算

（1）自营出口

由于出口关税是对销售环节征收的一种税金，因此其核算应作为营业税金，通过"营业税费及附加"等科目进行核算。

【例6.3】 飞天外贸进出口公司直接对外出口产品一批，FOB价折合人民币288 000元，出口关税税率20%。请计算该公司应纳关税税额，并进行相关会计业务处理。

【解析】 应纳关税税额＝288 000÷（1＋20%）×20%＝48 000（元）。

作会计处理时，会计分录如下：

借：主营业务税金及附加   48 000
  贷：应交税费——应交出口关税   48 000
借：应交税费——应交出口关税   48 000
  贷：银行存款   48 000

（2）代理出口

【例6.4】 飞天外贸进出口公司接受华为企业委托，代理出口一批商品至美国ABC公司，该商品的FOB价折合人民币为450 000元，出口税税率为20%，手续费为13 500元。请计算应纳关税税额，并进行相关会计业务处理。

【解析】 应纳关税税额＝450 000÷（1＋20%）×20%＝75 000（元）。

1）办理报关及托收手续，会计分录如下：

借：应收外汇账款——美元户（ABC公司） 450 000
  贷：应付账款——华为公司   450 000

2）计算应交出口关税，会计分录如下：

借：应付账款——华为公司   75 000
  贷：应交税费——应交出口关税   75 000

3）实际缴纳关税，会计分录如下：

借：应交税费——应交出口关税   75 000
  贷：银行存款   75 000

4）计算应收手续费，会计分录如下：

借：应付账款——华为企业   13 500
  贷：其他业务收入——手续费   13 500

5）收到ABC公司付来的货款，会计分录如下：

借：银行存款   450 000
  贷：应收外汇账款——ABC公司（美元户） 450 000

6）与华为公司结清款项，会计分录如下：

借：应付账款——华为企业   361 500
  贷：银行存款   361 500

（二）明确增值税的核算

外贸企业增值税核算的特殊性主要表现在进口和出口两个方面，进口应纳增值税的核算请参照【例6.1】，出口货物退（免）税核算请参照本项目任务三。

（三）明确消费税的核算

外贸企业消费税核算的特殊性与增值税一样，同样表现在进口和出口两个方面，进口应纳消费税的核算请参照【例 6.1】，出口货物退（免）税核算请参照本项目任务三。

（四）明确营业税的核算

外贸企业提供代理业务、运输业务、出租无形资产业务均需计算缴纳营业税，其具体核算举例说明如下。

【例 6.5】 飞天外贸进出口公司 2010 年 6 月发生代理出口销售手续费收入 16 000 元，出租专利权租金收入 10 000 元。请计算应纳营业税额，并进行相关会计业务处理。

【解析】 6 月份应纳营业税额＝16 000×5%＋10 000×5%＝1 300（元）。

根据计算的结果，提取应纳营业税额，会计分录如下：

借：主营业务税金及附加   1 300

    贷：应交税费——应交营业税   1 300

任务三　明确出口货物退（免）税核算

（一）了解出口货物退（免）税的相关知识

出口货物退（免）税，是指在国际贸易中货物输出国对输出境外的货物，免征其在本国境内消费时应缴纳的税金，或退还其按本国税法规定已缴纳的税金（增值税、消费税）。这是国际贸易中通常采用的并为各国所接受的一种税收措施，目的在于鼓励各国出口货物进行公平竞争。

根据国际社会通行的惯例和我国现阶段的国情，并参考国际上的通行做法，我国制定并实施了出口货物退（免）税制度以及管理办法。该办法明确规定：有出口经营权的企业出口的货物，除另有规定者外，可在货物报关出口并在财务上作销售后，凭有关凭证按月报送税务机关批准退还或免征增值税和消费税。

我国的出口货物退（免）税制度是参考国际上的通行做法，在多年实践基础上形成的、自成体系的专项税收制度。这项新的税收制度与其他税收制度比较，有以下几个主要特点。

（1）出口货物退（免）税是一种收入退付行为

税收是国家为满足社会公共需要，按照法律规定，参与国民收入中剩余产品分配的一种形式。出口货物退（免）税作为一项具体的税收制度，其目的与其他税收制度不同。它是在货物出口后，国家将出口货物已在国内征收的流转税退还给企业的一种收入退付或减免税收的行为，这与其他税收制度筹集财政资金的目的显然是不同的。

（2）出口货物退（免）税具有调节职能的单一性

我国对出口货物实行退（免）税，意在使企业的出口货物以不含税的价格参与国际市场竞争。这是提高企业产品竞争力的一项政策性措施。与其他税收制度鼓励与限制并存、收入与减免并存的双向调节职能比较，出口货物退（免）税具有调节职能单一性的特点。

（3）出口货物退（免）税属间接税范畴内的一种国际惯例

世界上有很多国家实行间接税制度，虽然其具体的间接税政策各不相同，但就间接税制度中对出口货物实行“零税率”而言，各国都是一致的。为奉行出口货物间接税的“零税率”原则，有的国家实行免税制度，有的国家实行退税制度，有的国家则退、免税制度同时并行，其目的都是对出口货物退还或免征间接税，以使企业的出口产品能以不含间接税的价格参与国际市场的竞争。出口货物退（免）税政策与各国的征税制度是密切相关的，脱离了征税制度，出口货物退（免）税便失去了具体的依据。

（二）了解我国出口货物退（免）税的政策规定

1. 出口货物税收政策形式

我国根据本国的实际，采取出口退税与免税相结合的政策。我国的出口货物税收政策分为以下三种形式。

（1）出口免税并退税

出口免税是指对货物在出口销售环节不征收增值税、消费税，这是把货物出口环节与出口前的销售环节都同样视为一个征税环节；出口退税是指对货物在出口前实际承担的税收负担。

（2）出口免税不退税

出口免税与上述第一项含义相同。出口不退税是指适用这个政策的出口货物因在前一道生产、销售环节或进口环节是免税的，因此，出口时该货物的价格中本身就不含税，也无须退税。适用这个政策的出口货物主要有：来料加工复出口的货物、列入免税项目的避孕药品和工具、古旧图书、免税农产品、国家计划内出口的卷烟及军品等。

（3）出口不免税也不退税

出口不免税是指对国家限制或禁止出口的某些货物的出口环节视同内销环节，照常征税；出口不退税是指对某些货物出口不退还出口前其所负担的税款。

适用这个政策的主要是税法列举限制或禁止出口的货物，如天然牛黄、麝香、铜及铜基合金、白银等。

上述三种政策形式是就国家出口货物总体税收政策而言，它们并未因国家调低或调高退税率、调整退税范围和退税计算方法而改变。

2. 出口货物退（免）税的企业范围

出口货物退（免）税的企业是指依法办理工商登记或其他执业手续，依照《对外贸易法》和其他法律、行政法规的规定从事对外贸易经营活动的法人，其他组织或个人，具体包括：

1）有进出口经营权的外贸企业，含外贸总公司和到异地设立的经商贸部批准的有进出口经营权的独立核算的分支机构。

2）经商贸部及授权单位批准的有进出口经营权的自营生产企业和生产型企业集团公司，以及经省级外经贸部门批准实行自营进出口权登记的国有、集体生产企业。

3）外商投资企业，具体包括：1994年1月1日后批准设立的外商投资企业；1993年12月31日前设立的外商投资企业，在1994年1月1日后新上生产项目，并且生产的货物能单独核算的，自1999年11月1日起，其出口货物除继续要求实行免税方法以外的企业［这类企业从2001年1月1日起，实行退（免）税办法］。外商投资企业在规定退税投资总额内且在1999年9月1日以后以外币采购的国产设备也享受退税政策。

4）委托外贸企业代理出口的企业。有进出口权的外贸企业委托外贸企业代理出口的货物，无进出口经营权的内资生产企业委托外贸企业代理出口的自产货物，也可办理退税。

5）其他特定退税企业，具体包括：将货物运出境外用于对外承包项目的对外承包工程公司，对外承接修理修配业务的企业，将货物销售给外轮及远洋国轮而收取外汇的外轮供应公司和远洋运输供应公司，在国内采购货物并运往境外作为国外投资的企业，利用外国政府贷款通过国际招标机电产品中标的企业，利用中国政府的援外贷款和合资合作项目基金方式下出口货物的企业，境外来料加工装配业务所使用出境设备和原材料及散件的企业，按国家规定计划向加工地区出口企业销售"以产顶进"钢材列名钢铁企业，国家旅游局所属中国免税品公司统一管理的出境口岸免税店，贵重货物指定退税企业，对外进行补偿贸易项目、易货贸易项目以及对港、澳、台贸易而享受退税的企业。

3. 出口货物退（免）税的货物范围

出口货物退（免）税的货物范围，是确定执行出口货物退（免）税的政策的基本依据。我国出口货物在现阶段的退税是以海关报关出口的增值税、消费税应税货物为主要对象的，但考虑到国家宏观调控的需要和与国际惯例接轨，对一些非海关报关出口的特定货物也实行了退（免）税。

（1）一般退（免）税的货物范围

《出口货物退（免）税管理办法》规定：对出口的凡属于已征或应征增值税、消费税的货物，除国家明确规定不予退（免）税的货物和出口企业从小规模纳税人购进并持普通发票的部分货物外，都是出口货物退（免）税的范围。均应予以退还已征增值税和消费税或免征应征的增值税和消费税。可以退（免）税的出口货物一般应具备以下四个条件：

1）必须是属于增值税、消费税征税范围的货物。

2）必须是报关离境的货物。

3）必须是在财务上作销售处理的货物。

4）必须是出口收汇并核销的货物。

（2）特准退（免）税的货物范围

在出口货物中，有一些虽然不同时具备上述四个条件的货物，但由于这些货物销售方式、消费环节、结算办法的特殊性，以及国际间的特殊情况，国家特准退还或免征增值税和消费税。这些货物主要有：

1）对外承包工程公司运出境外用于对外承包项目的货物。

2）对外承接修理修配业务的企业用于对外修理修配的货物。

3）外轮供应公司、远洋运输供应公司销售给外轮、远洋国轮而收取外汇的货物。

4）企业在国内采购并运往境外作为在国外投资的货物。

5）利用外国政府贷款或国际金融组织贷款，通过国际招标由国内企业中标的机电产品。

6）对境外带料加工装配业务所使用的出境设备、原材料和散件。

7）利用中国政府的援外优惠贷款和合资合作项目基金方式下出口的货物。

8）对外补偿贸易及易货贸易、小额贸易出口货物。

9）对港、澳、台贸易的货物。

10）列名钢铁企业销售给加工出口企业用于生产出口货物的钢材。

11）从1995年1月1日起，对外国驻华使馆、领事馆在指定的加油站购买的自用汽油、柴油增值税实行退税。

12）保税区内企业从区外有进出口经营权的企业购买货物，保税区内企业将这部分货物出口或加工后再出口的货物。

13）对保税区外的出口企业委托保税区内仓储企业仓储并代理报关离境的货物。

14）从1995年7月1日起，对外经贸部批准设立的外商投资性公司，为其所投资的企业代理出口该企业自产的货物，如其所投资的企业属于外商投资新企业及老企业的新上项目，被代理出口的货物可给予退（免）税。

15）从1996年9月1日起，对国家旅游局所属中国免税公司统一管理的出境口岸免税店销售的卷烟、酒、工艺品、丝绸、服装和保健品（包括药品）等六大类国产品。

16）从 1997 年 12 月 23 日起，对外国驻华使（领）馆及其外交人员购买的列名中国产物品。

17）从 1999 年 9 月 1 日起，对国家经贸委下达的国家计划内出口的原油。

18）从 1999 年 9 月 1 日起，外商投资企业采购国产设备。

19）从 2000 年 7 月 1 日起，对出口企业出口的甲胺磷、罗菌灵、氰戊菊酯、甲基硫菌灵、克百威、异丙碱、对硫磷中的乙基对硫磷等货物。

20）出口企业从小规模纳税人购进并持普通发票的抽纱、工艺品、香料油、山货、草柳竹藤制品、渔网渔具、松香、五倍子、生漆、鬃尾、山羊板皮及纸制品等 12 类货物。

（3）特准不予退税的免税出口货物

对一些企业，虽具有进出口经营权，但出口的货物如属税法规定免征增值税、消费税，不予办理出口退税。这类特准不予退税的出口货物主要包括以下几个方面：

1）来料加工复出口的货物。

2）避孕药片和用具、古旧图书。

3）有出口卷烟经营权的企业出口国家出口卷烟计划内的卷烟。

4）军用以及军队系统企业出口军需部门调拨的货物。

5）国家规定的其他免税货物：农业生产者销售的自产农业产品；饲料；农膜；化肥生产企业生产销售的碳酸氢铵、普通过磷酸钙、复混肥、重钙，原生产碳酸氢铵、普通过磷酸钙、钙镁磷肥产品的小化肥生产企业改生产销售的尿素、磷铵和硫磷铵；农药生产企业销售的敌敌畏、氧乐果、六硫磷等；批发和零售的种子、种苗、化肥、农药、农机；电影制片厂销售的电影拷贝。

出口享受免征增值税的货物，其耗用的原材料、零部件等支出的进项税额，包括准予抵扣的运输费用所含的进项税额，不能从内销货物的销项税额中抵扣，应计入产品成本处理。

（4）根据财政部、国家税务总局财税［2007］90 号文件取消出口退税的商品

1）濒危动物、植物及其制品。

2）盐、溶剂油、水泥、液化丙烷、液化丁烷、液化石油气等矿产品。

3）肥料（除已经取消退税的尿素和磷酸氢二铵）。

4）氯和染料等化工产品（精细化工产品除外）。

5）金属碳化物和活性炭产品。

6）皮革。

7）部分木板和一次性木制品。

8）一般普碳焊管产品（石油套管除外）。

9）非合金铝制条杆等简单有色金属加工产品。

10）分段船舶和非机动船舶。

另外，花生果仁、油画、雕饰板、邮票、印花税票等改为出口免税。

4. 出口货物退（免）税的税率

出口货物的退税率是出口货物的实际退税额与退税计税依据的比例，它是出口退税的中心环节，体现着一定时期的财政、价格和对外贸易政策，体现着出口货物的实际征收水平和在国际市场上的竞争力。2003年底前出口货物的增值税退税率有：17%、15%、13%、6%、5%等几种，2004年作了相应的调整，调整后的退税率有17%、13%、11%、8%、6%、5%等几种；2007年根据财政部、国家税务总局财税［2003］90号文再次调低了部分商品的出口退税率，如植物油出口退税率下调至5%；服装出口退税率下调至11%。

5. 外贸企业出口货物退（免）税的计税依据

（1）外贸企业出口货物应退增值税税额的依据

1）出口货物单独设立库存和销售账记载的，应依据购进出口货物增值税专用发票所列明有进项金额为计税依据。

2）从小规模纳税人购进特准退税的出口货物，退税依据按下列公式确定，即

退税计税依据＝普通发票所列销售金额／（1＋征收率）

从小规模纳税人购进持有税务机关代开的增值税专用发票的出口货物退税依据按下列公式确定，即

退税计税依据＝增值税专用发票上注明的销售金额

3）外贸企业委托生产企业加工收回后报关出口的货物，退税计税依据为购买加工货物的原材料、支付加工货物的工缴费等专用发票所列明的进项金额，按原材料的退税率和加工费的退税率分别计算应退税款，其中，加工费的返税率按出口产品的返税率确定。

（2）外贸企业出口货物应退消费税税额的依据

凡属从价定率计征消费税的货物以外贸企业从工厂购进货物时征收消费税的价格为依据，凡属从量定额计征消费税的货物以货物购进和报关出口的数量为依据。

6. 出口货物退（免）税的申报期限及地点

（1）出口货物退（免）税的申报期限

出口企业在货物报关出口并在财务上作销售后，应按月提供退（免）税所需的法定凭证，向其主管的退税机关申报出口退（免）税，外贸企业一个月可进行多次申报。先向主管退税机关进行预申报，经主管退税机关预审后，对预申报错误数据进行调整，再进行正式申报。退税预申报时应提供预申报软盘，正式申报应提供下列资料：

1）申报软盘。

2）出口退税进货凭证申报明细表。

3）出口货物退税申报明细表。

4）出口货物退税汇总申报表。

5）出口货物退税审批表。

6）装订成册的原始凭证，如购进货物的增值税专用发票（抵扣联）或普通发票，盖有海关验讫章的出口货物报关单（出口退税专用）、经外汇管理部门签章的出口外汇核销单位（出口退税专用）或有关部门出具的中远期收汇证明。

7）主管退税部门要求提供的其他资料。

生产企业每月 15 日前申报，一个月一次。出口企业应在货物报关出口之日起 90 日内，向退税部门申报办理出口货物退（免）手续。外商投资企业因购国产设备等其他视同出口的货物，自购买产品开具增值税专用发票的开票之日起 90 日内，向返税部门申报办理出口货物退（免）手续。

出口企业有下列特殊原因之一，在申报期内，向退税部门提出延期办理申报申请经市（区）国税局批准后，可延期 3 个月申报。

1）因不可抗力致使无法在规定的期限内取得有关出口退（免）税单证或申报退（免）税。

2）因采用集中报关等特殊报关方式无法在规定的期限内取得有关出口退（免）税单证。

3）其他因经营方式特殊，无法在规定的期限内取得有关出口退（免）税单证。

（2）出口货物退（免）税的地点

1）外贸企业自营（委托）出口的货物，由外贸企业向其所在地主管出口退税的税务机关进行退税预申报，将初审错误调整后，向市国税局进出口税收管理处进行正式申报。

2）生产企业自营（委托）出口的货物，报经主管国税局的管理局初审后，向其主管出口退税的税务机关申报办理正式申报。

3）两个以上企业联营企业出口的货物，由报关单上列明的经营单位向其所在地主管出口返税的税务机关申报办理。

4）出口企业在异地设立分公司的，总机构有出口权，分支机构是非独立核算企业，一律汇总到机构所在地办理退（免）税；分支机构独立核算且有自营出口权，可以在分支机构所在地申报办理退（免）税。

5）其他特准予以退税的出口货物，由企业向所在地主管出口返税的税务机关进行预申报，再向市局进出口税收管理处办理正式申报。

（三）明确一般出口货物退（免）税的核算

有进出口经营权的外贸企业购进用于出口的商品，其出口方式一般有两种，即自营出口和委托出口。做好以上两种形式的会计处理，首先要正确计算应退税金（增值税、消费税）的金额；其次要明确企业获得的出口退税款的税收处理。根据国家税务总局《关于企业出口退税款税收处理问题的批复》（国税函［1997

21号）规定：

1）企业出口货物所获得的增值税退税款，应冲抵相应的"进项税额"或"已交税金"，不并入利润征收企业所得税。

2）生产企业委托外贸企业代理出口产品，凡按照财政部《关于消费税会计处理的规定》（财会字〔1993〕83号），在计算消费税时作"应收账款"处理的，其所获得的消费税退税款，应冲抵"应收账款"，不并入利润征收企业所得税。

外贸企业自营出口所获得的消费税退税款，应冲抵"主营业务成本"，不直接并入利润征收所得税。

3）委托出口由委托方负责办理申报出口应退增值税、消费税，其税收相关会计处理同自营出口方式。

【例6.6】 飞天外贸进出口公司2010年5月从华盛日用化妆品公司购进出口日用化妆品1 000箱，取得的增值税专用发票注明的价款为100万元，进项税额为17万元，货款已用银行存款支付。当月该批商品已全部出口，售价为每箱160美元（当日美元汇率为1∶7.00），申请退税的单证齐全。该化妆品的消费税税率为30%，增值税退税率为13%。请核算并进行相关会计业务处理。

【解析】 1）购进货物并验收入库，会计分录如下：

借：在途物资 1 000 000
　　应交税费——应交增值税（进项税额） 170 000
　　贷：银行存款 1 170 000
借：库存商品——库存出口商品 1 000 000
　　贷：在途物资 1 000 000

2）出口报关销售时，会计分录如下：

借：应收外汇账款——美元户 （USD160 000×7） 1 120 000
　　贷：主营业务收入——自营出口销售收入 1 120 000
借：主营业务成本——自营出口销售成本 1 000 000
　　贷：库存商品——库存出口商品 1 000 000

3）计算应退税款。

应退增值税税额=1 000 000×13%=130 000（元）

转出增值税税额=170 000−130 000=40 000（元）

应退消费税税额=1 000 000×30%=300 000（元）

① 进项税额转出，会计分录如下：

借：主营业务成本——自营出口销售成本 40 000
　　贷：应交税费——应交增值税（进项税额转出） 40 000

② 应收增值税退税款，会计分录如下：

借：其他应收款——增值税 130 000
　　贷：应交税费——应交增值税（出口退税） 130 000

③ 应收消费税退税款，会计分录如下：

借：其他应收款——消费税 300 000

　　　　　贷：主营业务成本——自营出口销售成本　　　　　　　　300 000
　　4）收到退税款时，会计分录如下：
　　借：银行存款　　　　　　　　　　　　　　　　　　　430 000
　　　　贷：应收出口退税——增值税　　　　　　　　　　　　130 000
　　　　　　　　　　　　——消费税　　　　　　　　　　　　300 000

小　　结

● 关税、增值税、消费税及营业税是外贸企业的主体税种，本章就其核算进行了详细介绍，对今后从事外贸会计工作很有帮助。

● 增值税的出口货物退税是外贸企业的一个难点，由于增值税是一个价外税，出口货物的退税率又各不相同，因此在实际操作中，应随时掌握国家的退税政策，正确核算并按国家规定程序办理出口退税。

● 消费税是价内税，征、退税率又完全一致，所以容易许多，而关税只交不退，同样不难，但进口关税的完税价格怎样确认，却不可小觑。

思考与训练

一、复习思考题

1. 简述出口货物退（免）税制度的主要特点。
2. 简述出口货物退（免）税的企业范围。
3. 简述出口货物退（免）税的地点。
4. 简述正式申报出口退税应提供的资料。
5. 简述出口货物税收政策形式。

二、客观训练题

（一）选择题

1. 委托代理出口货物，在（　　　）办理退税。

　　A. 委托方　　B. 受托方　　　　C. 任何一方均可　D. 视具体情况而定

2. 2009 年 7 月 1 日，某外贸企业从一小规模纳税人购进木制工艺品，普通发票金额为 53 000.00 元，该企业出口该商品后，其应退税额为（　　　）元。

　　A. 6 890　　B. 3 000　　　　C. 3 180　　　　D. 0

3. 某外贸企业进口料件，到岸价格为 8 000 元，实际缴纳消费税 800 元，关税 400 元，该批料件的组成计税价格为（　　　）元。

　　A. 800　　B. 7 521.37　　C. 8 000　　　　D. 9 200

4. 在出口与进货的关联号内进货数据和出口数据配齐申报，对进货数据实行加权平均，合理分配各出口占用数量，计算出每笔的实际退税额的方法是（　　）。

    A．平均分配法   B．实际出口法

    C．加权平均法   D．单票对应法

5．出口企业发生出口业务，在财务上作销售处理的时间是（　　）。

    A．货物出口，取得提运单并向银行办妥交单手续之日

    B．货物出口并取得收汇单证之日

    C．开具外销发票之日

    D．同外商签订合同之日

6．某外贸公司购进一批货物出口，增值税发票注明进项金额 50 000 元，税额 6 500 元，征税率 13%，退税率 5%，该批货物全部出口，收汇额 7 500 美元，该企业可退增值税（　　）。

    A．2 500 元   B．6 500 元   C．375 元   D．0 元

7．根据国家税务总局文件的规定，出口企业在货物出口后（　　）日内需要收集齐规定的退税单证申报退税，否则，视同内销征收。

    A．90   B．60   C．30   D．15

8．我国现行出口退（免）税的税种是（　　）。

    A．增值税、消费税、关税   B．增值税、消费税、营业税

    C．增值税、营业税   D．增值税、消费税

9．对国家明确禁止出口的货物出口后，其税收处理为（　　）。

    A．免抵退税   B．免税   C．视同内销征税   D．免、退税

10．下列出口货物在出口环节可办理退税的有（　　）。

    A．来料加工复出口的货物

    B．出口卷烟

    C．小规模纳税人收购服装纺织品出口

    D．企业采购并运往境外作为在国外投资的货物

（二）判断题

1．在代理进口业务中，收取的货款作为受托方的销售收入。   （　　）

2．在代理进口业务中，支付的进口关税可从委托方预付款中抵扣。 （　　）

3．外贸企业申报出口退税一个月只可申报一次。   （　　）

4．我国退税以征税为前提，退税只能是对已征税的出口货物退还其已征的增值税、消费税税额，不征税的出口货物则不能退还上述"两税"。免税也只能是对应税的货物免税，不属于应税的货物，则不存在免税问题。   （　　）

5．生产企业不管是否具有进出口经营权，委托外贸企业代理出口货物都可办理退（免）税。   （　　）

6．出口企业改变退税账户时，需在申报退税时加以说明。   （　　）

7．以 CIF 或 CFR 成交的出口货物，直接以 CIF 或 CFR 作为出口销售额计算"免、抵、退"税。   （　　）

8. 出口企业应设专职或兼职办理出口退税人员，经税务机关培训考试合格后发给《办税员证》，没有《办税员证》的人员不得办理出口退税业务，企业更换办税员的，可使用原办税员的《办税员证》办理出口退税业务。 （　　）

9. 对申请注销认定的出口企业，主管税务机关应先结清其出口货物退（免）税款，再按规定办理注销手续。 （　　）

10. 出口企业报关出口的样品、展品，如出口企业最终在境外销售并结汇的，准予凭出口货物报关单（出口退税专用）、出口货物收汇核销单（出口退税联）等凭证申报退税。 （　　）

11. 在托收业务中，银行的一切行为是按照托收委托书来进行的。 （　　）

三、业务操作题

1. 目的：练习自营进口关税的核算及账务处理。

资料：某外贸企业向海关申报进口一批小轿车，价格为 FOB 横滨 10 000 000 日元，运费 200 000 日元，保险费率 5‰。关税税率 80%，消费税税率 8%。100 000 日元兑换人民币买卖中间价为 8 500 元。

要求：进行会计核算。

2. 目的：练习自营出口关税的核算及账务处理。

资料：某外贸企业直接对外出口产品一批，离岸价为 2 000 000 元，出口税税率为 15%。

要求：进行会计核算。

3. 目的：练习代理出口关税的核算及账务处理。

资料：宏远公司委托天兴外贸公司出口商品一批，离岸价为 1 000 000 元，出口关税税率为 30%。

要求：请以天兴外贸公司作为会计主体进行会计核算。

4. 目的：练习出口货物退（免）税的核算及账务处理。

资料：某外贸公司 2010 年 8 月购进服装 5 000 件，增值税专用发票上注明金额为 7.75 万元，出口至美国，离岸价为 1.3 万美元（当日美元汇率为 1：6.50），服装退税率为 11%。

要求：计算该公司当月应退税额并进行相关会计处理。

技术进出口业务的核算

知识点

通过本项目相关知识的学习，学生了解和掌握以下知识点：技术进出口业务的概念；我国税法对技术进出口业务的相关规定；技术进出口业务的账务处理。

技能点

通过本项目知识点的学习、总结和运用，学生掌握以下技能点：通过学习技术进出口业务的核算，能够从企业的角度理解在技术进出口业务过程中的税务处理以及账务处理方法。

任务分解

1）了解技术进出口业务的概念。

2）明确技术进出口的税务。

3）技术进口的账务处理。

4）技术出口的账务处理。

内容导入

随着国民经济和社会的发展，近几年技术许可、技术服务、特许经营等技术进出口业务在我国整个进出口贸易中所扮演的角色越来越重要。技术进出口有别于一般商品的进出口，因此，技术进出口的账务处理就具有一定的特殊性。

任务一　了解技术进出口业务的概念

（一）了解技术进出口的概念

技术进出口是指从境外向境内或者从境内向境外，通过贸易、投资或经济技术合作的方式将其技术的使用权授予、出售或购买的行为。判断是否具有国际性的技术进出口行为并不以进出口双方是否属于不同国籍为标准，而是看该技术是否跨越国境。

技术进出口作为一种跨越国境行为和一种贸易行为，与一般货物进出口又有明显区别。

1）技术进出口的交易对象是一种特殊商品，即无形的"知识产品"，而货物进出口指的是有形的物质产品。

2）转让权限不同。技术进出口转让的只是技术的使用权，而货物进出口的标的一经出售，卖方失去了对商品的所有权。

3）受法律调整和政府管制程度不同，许多国家在有关技术进出口的法律中规定，凡重要的技术引进协议必须呈报政府主管部门审查、批准或登记后才能生效，而一般货物进出口合同没有这样的要求。

技术进出口业务的方式很多，主要有技术许可、特许专营、技术服务、合作生产、承包工程、合资经营、合作经营以及含有工业产权或专有技术转让的设备买卖。

（1）技术许可

技术许可（technology license）是技术转让交易中使用最广泛和最普遍的一种贸易方式。专利权、商标权或专有技术所有人作为许可方向被许可方授予某项权利，允许其按许可方拥有的技术实施、制造、销售该技术项下生产的产品，并由被许可方支付一定数额的报酬。

许可贸易有三种基本类型，即专利许可、商标许可和专有技术许可。在技术贸易过程中，三种方式有时单独出现，但多数情况是以其中两种或三种类型的混合方式出现。

（2）特许专营

特许专营（franchise）是指由一家已经取得成功经验的企业，将其商标、商标名称、服务标志、专利、专有技术以及经营管理的方法或经验转让给另一家企业的一项技术转让合同，后者有权使用前者的商标、商品名称、专利、服务标志、专有技术及经营管理经验，但需向前者支付一定金额的特许费。特许专营的形式一般有产品专销、服务专营和商品专营。

（3）咨询服务

技术咨询服务（technical consulting service）是技术供方或服务方受另一方委托，通过签订技术服务合同，为委托方提供技术劳务，完成某项服务任务并由委托方支付一定技术服务费的活动。技术服务的范围包括产品开发、成果推广、技术改造、工程建设及科技管理等各个方面。

（4）承包工程

承包工程（contract project）是供方为建成整个工厂与自成体系的整个车间向受方提供全部设备、技术、经营管理方法，包括工程项目的设计、施工、设备的提供和安装、受方人员的培训、试车，直接把一座能够开工生产的工厂或车间交给受方。承包工程的特点是与技术直接关联，大部分是新工艺、新技术，内容包括工程设计、施工安装、原材料供应、提供技术、培训人员、质量管理等全部过程，涉及商品、技术、劳务的进出口，是一种综合性的贸易活动。

（二）了解我国技术进出口管理的政策

为了规范技术进出口管理，维护技术进出口秩序，促进国民经济和社会发展，国家对技术进口实行统一的管理制度，依法维护公平、自由的技术进出口秩序。

国家主管部门对技术进出口实行统一管理，采取"三种技术，两类合同，登记加审批制度"。三种技术是指将技术分为禁止进出口技术、限制进出口技术以及自由进出口技术。它由外经贸部会同国务院有关部门，制定、调整并公布禁止或限制进出口的技术目录。两类合同是指技术进口合同和技术出口合同。登记加审批制度是指：对属于禁止进出口的技术，不得进口或出口；对属于限制进出口的技术，实行许可证审批管理；对属于自由进出口的技术，实行合同登记管理制度。

任务二　明确技术进出口的税务

（一）了解我国技术进出口税务的相关知识

税费条款（tax clause）是国际技术贸易合同中一项重要的内容。与技术贸易有关的税种主要有所得税、营业税等。所得税是国家对个人或法人的一切所得征收的一种税，是技术贸易的主要税种，纳税人为供方，征税国为供方、受方双方所在国；营业税是对许可出售的技术使用费征收纳税，纳税人为供方，征税国为供方、受方双方所在国。

技术进口（import of technology）指从中国境外向中国境内通过贸易、投资或经济技术合作的方式转移技术的行为。

企业取得《技术进出口合同许可证》或《技术合同进口登记证》后，应办理税务、外汇、银行、海关等登记手续。技术进口企业凭上述许可证或登记证及技术合同副本向其主管税务机关办理营业税及预提所得税的纳税申报，按对外支付金额的 5%缴纳营业税，并按扣除营业税的 10%缴纳预提所得税。凭已缴纳税款凭证向其主管税务部门取得完税凭证。该完税凭证交技术出口方作为其本国抵免所得税的凭证。

我国从国外引进技术时，国外许可方有来源于我国的技术使用费收入，根据我国"从源管辖权"原则，要求供方就该项收入依照我国法律向税务机关缴纳所得税。外国企业在中国境内未设立机构、场所，而有取得来源于中国境内的特许权使用费（包括专利权、专有技术、商标权、著作权等而取得的使用费），应当缴纳 20%的所得税。

1. 特许使用费的范围

1）对于同外商签订技术引进合同，只受让专利使用权。外商为提供该项技术的使用权所收取的图纸资料费、技术服务费和人员培训费，是整个技术贸易合同价格的组成部分，应列为特许使用费收入一并计算征收所得税。

2）引进技术并附带引进设备的，外商为设备的安装、使用提供土建设计和工艺设计所收取的设计费和外国提供设备制造维修、图纸资料所收取的费用，可以不列入特许使用费，不征收所得税。

3）对于为专利技术使用权提供图纸资料所收取费用与为设备的安装使用和制造维修提供图纸资料所收取的费用，不能正确划分清楚时，应全部列入特许使用费收入，征收所得税。

2. 纳税、扣缴义务

所得税以实际受益人为纳税义务人，以支付人为扣缴义务人。税款由支付人在每次支付的税款中扣缴，所扣的税款，应当于 5 日内缴入国库，并向当地税务机关报送扣缴所得税报告表。扣缴义务人不履行本法规定的扣缴义务，不扣或少扣税款的，由税务机关限期追缴应扣税款，并处以应扣未扣税款 1 倍以下的罚款。

我国与国外签订的避免双重征税规定，大都根据对等原则签订，即我国行使从源管辖权，将使用费所得税税率降至 10%，许可方纳税后所得额汇回居住国后，再按当地税法进行税收抵免。

（二）明确技术进出口税务的核算

1. 所得税

我国《企业所得税法》规定，企业取得下列所得已经在境外缴纳的所得税额，可以从其当期应纳税额中抵免,抵免限额为该项所得依所得税法规定计算的应纳税额;超过抵免限额的部分,可以在以后五个年度内,用每年年度抵免限额抵免当年应抵免税额后的余额进行抵补。

1)居民企业来源于中国境外的应税所得。

2)非居民企业在中国境内设立机构、场所,取得发生在中国境外但与该机构、场所有实际联系的应税所得。

【例 7.1】 某企业 2010 年纳税所得额为 3 000 万元,其中 500 万元为该企业技术出口到 A 国,我国企业所得税税率为 25%,A 国的税率为 20%,在 A 国已实际缴纳 100 万元预提所得税。问:该企业在国内应缴纳所得税中扣除限额是多少?

【解析】 A 国扣除限额＝500×25%＝125(万元)。

在 A 国缴纳的所得税 100 万元低于限额 125 万元,可以全额扣除。如 A 国所得税税率为 30%,该企业在 A 国缴纳的所得税为 150 万元,高于限额 125 万元,其超过限额部分的 25 万元,在本年度不能扣除,用以后年度税额扣除的余额续扣。

2. 营业税

根据我国税法规定,对从事技术出口业务取得的收入免征营业税。

任务三　技术进口的账务处理

(一)明确技术进口成本的构成

企业进口技术发生的成本,包括购买价款、相关税费以及直接归属于使该项资产达到预定用途所发生的其他支出。实际支付的价款与确认的成本之间的差额,除了应予资本化的以外,应当在信用期内确认为利息费用。投资者投入的技术,应当按照投资合同或协议约定的价值作为成本,但合同或协议约定价值不公允的除外。

(二)明确支付技术使用费的会计核算

在技术进口贸易过程中,采用使用费支付的方式主要有总付和提成支付两种。总付(lump sum payment)是指在签订合同时,许可方与被许可方谈妥一笔固定的金额,在合同生效后,由被许可方按合同约定,一次或分期支付的办法;提成支付(proportionate payment)是指在签订合同时,当事人双方确定一个提取使用费的百分比,待被许可方利用技术开始生产并取得经济效果之后,以经济效果为基础,定期连续提取使用费的方法。

(1)总付一次性付清

【例 7.2】 我国甲企业以 1 000 万美元从美国某企业购入一项技术权,对方负担预提所得税及营业税,美元中间价为 6.50,该企业用美元外币账户结算。营业税为 5%，预提 10%的所得税。请计算应交所得税及营业税额，并进行相关会计业务处理。

【解析】 1）预提应交所得税及营业税，会计分录如下：

借：应交税费——应交营业税

（USD10 000 000×6.50×5%） 3 250 000

——预提所得税

［（USD10 000 000×6.50－3 250 000）×10%］ 6 175 000

贷：银行存款 9 425 000

2）按合同金额确认该进口技术的成本，会计分录如下：

借：无形资产 65 000 000

贷：应付外汇账款 （USD10 000 000×6.50） 65 000 000

同时，结转代扣税金，会计分录如下：

借：应付外汇账款 9 425 000

贷：应交税费——应交营业税 3 250 000

——预提所得税 6 175 000

3）支付税后的净价款，会计分录如下：

税后净价款＝65 000 000－3 250 000－6 175 000＝55 575 000（元）

借：应付外汇账款 55 575 000

贷：银行存款 55 575 000

（2）提成支付方式

【例 7.3】 我国 A 企业从甲国 B 企业进口其商品的商标使用权，合同规定每年按年销售收入 10%支付 B 企业使用费，使用期限为 10 年。假定第一年 A 企业销售收入为 10 万美元，第二年销售收入为 16 万美元，这两年的使用费按期支付。对方负担预提所得税及营业税，美元中间价为 6.50，营业税税率为 5%，预提 10%的所得税。请计算应纳税税额，并进行相关会计业务处理。

【解析】 1）A 企业第一年年底付款，会计分录如下：

① 代交营业税和预提所得税。

借：应交税费——应交营业税

（USD 100 000×6.50×10%×5%） 3 250

——预提所得税

［（USD 100 000×6.50×10%－3 250）×10%］ 6 175

贷：银行存款 9 425

② 按合同规定将第一次应付款入账。

借：无形资产——未完引进技术 65 000

贷：应付外汇账款 （USD 10 000×6.50） 65 000

③ 结转代扣税金。

借：应付外汇账款 9 425

贷：应交税费——应交营业税 3 250

——预提所得税 6 175

外贸会计实务（第三版）

112

④ 第一年年底付款。

借：应付外汇账款　　　　　　　　　　　　　　　　55 575
　　贷：银行存款　　　　　　　　　　　　　　　　　　55 575

2）A 企业第二年年底付款，会计分录如下：

① 代交营业税和预提所得税。

借：应交税费——应交营业税

　　　　　　　　　　（USD160 000×6.50×10%×5%）5 200

　　　　　——预提所得税

　　　　　［（USD160 000×6.50×10%－5 200）×10%］9 880

　　贷：银行存款　　　　　　　　　　　　　　　　　15 080

② 按合同规定将第一次应付款入账。

借：无形资产——未完引进技术　　　　　　　　　　104 000
　　贷：应付外汇账款　　　　　　（USD16 000×6.50）104 000

③ 结转代扣税金。

借：应付外汇账款　　　　　　　　　　　　　　　　15 080
　　贷：应交税费——应交营业税　　　　　　　　　　 5 200
　　　　　　　　——预提所得税　　　　　　　　　　 9 880

④ 第一年年底付款。

借：应付外汇账款　　　　　　　　　　　　　　　　88 920
　　贷：银行存款　　　　　　　　　　　　　　　　　88 920

以后每年会计分录同上。

任务四　技术出口的账务处理

（一）明确企业提供技术服务的会计核算

企业为技术进口国设计软件、开发新产品、培训技术人员、设计产品、建筑设计均属于技术服务。

1. 企业提供技术服务收入的确认

提供技术服务收入的确认有以下三种情况。

1）提供技术服务从开始到完成，处在同一个会计年度内，应当在完成服务时确认收入。

2）如果提供技术服务不能在一个会计年度内完成，而提供技术服务交易的结果能够可靠估算的，企业在资产负债表日应当采用完工百分比法确认提供劳务收入。

3）企业在资产负债表日提供劳务交易结果不能可靠估算的，应当分下列情况处理：

① 已经发生的劳务成本预计能够得到补偿的,按照已经发生的劳务成本金额确认提供劳务收入,并按相同金额结转劳务成本。

② 已经发生的劳务成本预计不能够得到补偿的,应当将已经发生的劳务成本计入当期损益,不确认提供劳务收入。

2. 企业提供技术服务的会计分录

企业提供技术服务的会计分录如下:

1)收到预收款,同时扣缴预提所得税。

借:银行存款——美元户

应交税费——预提所得税

贷:预收外汇账款

2)结转代缴预提代缴所得税。

借:所得税费用

贷:应交税费——预提所得税

3)发生成本时。

借:劳务成本

贷:应付职工薪酬

4)在资产负债表日确认收入。

借:预收外汇账款

贷:其他业务收入

同时,结转成本:

借:其他业务成本

贷:劳务成本

(二)明确企业技术转让的会计核算

技术转让(technological transfer)是指转让者将其拥有的专利或非专利技术的所有权或使用权有偿让给他人使用的行为。它可以用图纸、技术资料等形式有偿转让技术所有权或使用权。这类交易属于企业让渡资产使用权,因而使用费的收入作收入处理。

使用费的收入应按有关合同协议规定的收费时间和方法确认,不同的使用费收入,其收费时间和收费方法各不相同。如果合同、协议规定使用费一次支付且不提供后期服务的,应视同该项资产的销售一次确认收入;如果提供后期服务的,应在合同、协议规定的有效期内分期确认收入。如果合同规定分期支付使用费的,应按合同规定的时间和金额或合同规定的收费方法计算的金额分期确认收入。

【例 7.4】 国内某企业将一项专利权让给 A 国企业使用,合同规定使用期为 4 年,使用费为 40 万美元,分 4 次收取并当即结汇。取得时的账面价值为 30 万元,已经摊销 10 万元,余额为 20 万元。A 国不征收预提所得税。美元中间价为 6.50。请计算并进行相关会计业务处理。

【解析】 1) 每次收取使用费时，会计分录如下：

借：银行存款——人民币户   650 000

  贷：其他业务收入   650 000

2) 按 4 年期限摊销，每月摊销无形资产（200 000÷4÷12）时，会计分录如下：

借：其他业务成本——无形资产摊销   4 166.67

  贷：无形资产——专利权   4 166.67

小　结

● 技术进出口是指从境外向境内或者从境内向境外，通过贸易、投资或经济技术合作的方式将其技术的使用权授予、出售或购买的行为。技术进出口业务的形式很多，主要有技术许可、特许专营、技术服务、合作生产、承包工程、合资经营、合作经营以及含有工业产权或专有技术转让的设备买卖。

● 国家主管部门对技术进出口实行统一管理，采取"三种技术、两类合同、登记加审批制度"。三种技术是指将技术分为禁止进出口技术、限制进出口技术以及自由进出口技术。两类合同是指技术进口合同和技术出口合同。登记加审批制度是指：对属于禁止进出口的技术，不得进口或出口；对属于限制进出口的技术，实行许可证审批管理；对属于自由进出口的技术，实行合同登记管理制度。

● 与技术贸易有关的税种主要有所得税、营业税等。所得税是技术贸易的主要税种，纳税人为供方，征税国为供方、受方双方所在国；营业税是对许可出售的技术使用费征收纳税，纳税人为供方，征税国为供方、受方双方所在国。

● 企业进口技术发生的成本，包括购买价款、相关税费以及直接归属于使该项资产达到预定用途所发生的其他支出。投资者投入的技术，应当按照投资合同或协议约定的价值作为成本，但合同或协议约定价值不公允的除外。

● 技术出口主要包括企业对外提供技术服务和对外技术转让两种形式。

思考与训练

一、复习思考题

1. 简述技术进出口与一般贸易的区别。

2. 我国对技术进出口的管理有哪些规定？

3. 简述在技术进口贸易过程中使用费支付的方式。

4. 技术服务出口的会计核算如何处理？

二、客观训练题

（一）选择题

1. 技术进出口业务的方式很多，其中（　　）是技术转让交易中使用最广泛和最普遍的一种贸易方式。

    A．特许专营   B．技术许可   C．合资经营   D．技术服务

2．我国对技术进出口管理实行统一管理，采取三种技术、两类合同和（　　　）制度。

    A．登记   B．审批   C．登记加审批   D．实地盘查

3．所得税是以实际（　　　）为纳税义务人，以（　　　）为扣缴义务人。

    A．支付人   受益人   B．受益人   支付人

    C．受让方   受益人   D．支付人   受让方

4．判断是否具有国际技术进出口行为是以（　　　）为标准。

    A．双方国籍   B．是否跨越国境

    C．行政区域   D．是否采用国际结算

（二）判断题

1．技术进出口作为一种贸易行为，与一般货物进出口没有明显区别。（　　　）

2．专利许可、商标许可和专有技术许可在技术贸易过程中经常是单独出现。

                                             （　　　）

3．我国对属于限制进出口技术实行合同登记管理制度。（　　　）

4．营业税是对许可出售的技术使用费征收纳税，纳税人为供方，征税国为供方、受方双方所在国。（　　　）

5．在技术进口贸易过程中，使用费支付只能采用总付一次性付清。（　　　）

三、业务操作题

1．目的：练习技术进口业务的核算。

资料：我国A企业以150万美元从美国某企业购入一项专利技术，对方负担预提所得税及营业税，美元市场汇率为6.50，卖出价为6.60，该企业有美元账户，无需购汇。营业税为5%，预提10%的所得税。

要求：编制会计分录。

2．目的：练习技术进口业务的核算。

资料：上题中假设150万美元分三次付清。每年各付50万美元，合同规定该项专利技术可使用5年。

要求：编制会计分录。

3．目的：练习对外提供技术服务业务的核算。

资料：国内某公司于2010年9月为A国企业设计工程项目，设计费为50万元，期限为6个月，合同规定A国企业预付设计费10万美元，余款在设计完成后支付。至2010年12月31日已经发生成本200万元（假定为设计人员工资）。预计完成该项目还将发生成本120万元。2010年12月31日经专业人员测评，设计工程已完成75%。美元中间价为6.50，假定汇率无变动。A国预提所得税税率为10%。

要求：编制会计分录。

外贸企业的财务报表

知识点

通过本项目相关知识的学习，学生了解和掌握以下知识点：掌握外贸企业资产负债表、利润表的内容格式和编制方法；熟悉现金流量表的内容格式和编制方法；熟悉会计报表附注的概念和报表重要项目的说明；了解资产负债表、利润表和现金流量表的作用。

技能点

通过对本项目知识点学习、总结和运用，使学生掌握以下技能点：运用外贸企业会计报表的编制方法，正确编制各种会计报表，提供有用的报表附注，为报表使用者提供相关的会计信息。

任务分解

1）掌握对外报表。

2）掌握对内报表。

内容导入

企业对外发布的财务报告，是决策者获取企业经营信息的主要来源。不同的决策者存在着不同的需求。为了使外贸企业决策者能够有效地分析外贸企业的生产经营状况、财务状况和现金流量，并据以作出决策，财务工作人员必须掌握外贸企业财务报表的主要内容和编制要求，以便为决策者提供准确的信息。

任务一　掌握对外报表

（一）明确资产负债表的编制

1. 资产负债表的概念及作用

资产负债表（balance sheet）是指反映企业在某一特定日期的财务状况的报表。通过提供资产负债表，可以反映企业在某一特定日期所拥有或控制的经济资源、所承担的现时义务和所有者对净资产的要求权，帮助财务报表使用者全面了解企业的财务状况，分析企业的偿债能力等情况，从而为其作出经济决策提供依据。

2. 资产负债表的内容及格式

（1）资产负债表的内容

资产负债表的内容包括资产（assets）、负债（liabilities）、所有者权益（owner's equity）三个部分，以"资产＝负债＋所有者权益"为编制原理。

1）资产。资产应当按照流动资产和非流动资产两大类别在资产负债表中列示，在流动资产和非流动资产类别下进一步按性质分项列示。

① 资产负债表中列示的流动资产项目，通常包括货币资金、交易性金融资产、应收票据、应收账款、预付款项、应收利息、应收股利、其他应收款、存货和一年内到期的非流动资产等。

② 资产负债表中列示的非流动资产项目，通常包括长期股权投资、固定资产、在建工程、工程物资、固定资产清理、无形资产、开发支出、长期待摊费用以及其他非流动资产等。

2）负债。负债应当按照流动负债和非流动负债两大类别在资产负债表中列示，在流动负债和非流动负债类别下进一步按性质分项列示。

① 资产负债表中列示的流动负债项目，通常包括短期借款、应付票据、应付账款、预收款项、应付职工薪酬、应交税费、应付利息、应付股利、其他应付款、一年内到期的非流动负债等。

② 资产负债表中列示的非流动负债通常包括长期借款、应付债券和其他非流

动负债等。

3）所有者权益。所有者权益一般按照实收资本（或股本）、资本公积、盈余公积和未分配利润分项列示。

（2）资产负债表的格式

资产负债表格式有账户式和报告式两种。我国的资产负债表采用账户式结构，即资产负债表分为左方和右方，左方列示企业的各项资产，右方列示企业的各项负债和所有者权益，报表左方的资产总计与报表右方的负债及所有者权益总计应相等，即资产负债表左方和右方平衡。格式如表8.1所示。

表8.1 资产负债表

会企01表

编制单位：　　　　　　　　　　年　月　日　　　　　　　　　　　单位：元

资　产	期末余额	年初余额	负债及所有者权益	期末余额	年初余额
流动资产：			流动负债：		
货币资金			短期借款		
交易性金融资产			交易性金融负债		
应收票据			应付票据		
应收账款			应付账款		
预付款项			预收款项		
应收利息			应付职工薪酬		
应收股利			应交税费		
其他应收款			应付利息		
存货			应付股利		
1年内到期的非流动资产			其他应付款		
其他流动资产			1年内到期的非流动负债		
流动资产合计			其他流动负债		
非流动资产：			流动负债合计		
可供出售金融资产			非流动负债：		
持有至到期投资			长期借款		
长期应收款			应付债券		
长期股权投资			长期应付款		
投资性房地产			专项应付款		
固定资产			预计负债		
在建工程			递延所得税负债		
工程物资			其他非流动负债		
固定资产清理			非流动负债合计		
生产性生物资产			负债合计		

续表

资　产	期末余额	年初余额	负债及所有者权益	期末余额	年初余额
油气资产			所有者权益（或股东权益）：		
无形资产			实收资本（或股本）		
开发支出			资本公积		
商誉			减：库存股		
长期待摊费用			盈余公积		
递延所得税资产			未分配利润		
其他非流动资产			所有者权益（或股东权益）合计		
非流动资产合计					
资产总计			负债及所有者权益合计		

单位负责人：　　　　　　财务负责人：　　　　　　制表人：

3．资产负债表的编制

（1）"年初余额"的填列方法

资产负债表"年初余额"栏内各项数字，应根据上年末资产负债表的"期末余额"栏内所列数字填列。如果上年度资产负债表规定的各个项目的名称和内容与本年度不一致，应对上年年末资产负债表各项目的名称和数字按照本年度的规定进行调整，填入本表"年初余额"栏内。

（2）"期末余额"的填列方法

我国企业资产负债表各项目数据的来源，主要通过以下五种方式取得。

1）根据总账科目余额填列。

① 直接根据有关总账科目余额填列。如"交易性金融资产"、"短期借款"、"应付票据"、"应付职工薪酬"等项目，根据"交易性金融资产"、"应付票据"、"应付职工薪酬"各总账科目的余额直接填列。

② 根据几个总账科目的余额计算填列。如"货币资金"项目，需根据"库存现金"、"银行存款"、"其他货币资金"三个总账科目余额合计填列。

2）根据明细科目余额计算填列。如"应付账款"项目，需要分别根据"应付账款"和"预付账款"两科目所属明细科目的期末贷方余额计算填列。

3）根据总账科目和明细科目余额分析计算填列。资产负债表的有些项目，需要依据总账科目和明细科目两者的余额分析填列，如"长期借款"项目，应根据"长期借款"总账科目余额扣除"长期借款"科目所属的明细科目中将在资产负债表日起一年内到期且企业不能自主地将清偿义务展期的长期借款后的金额填列。

4）根据有关科目余额减去其备抵科目余额后的净额填列。如资产负债表中的"应收账款"、"长期股权投资"等项目，应根据"应收账款"、"长期股权投资"等科目的期末余额减去"坏账准备"、"长期股权投资减值准备"等科目余额后的净额填列；"固定资产"项目，应根据"固定资产"科目期末余额减去"累计折旧"、"固定资产减值准备"科目余额后的净额填列；"无形资产"项目，应根据"无形资产"科目期末余额减去"累计摊销"、"无形资产减值准备"科目余额后的净额填列。

5）综合运用上述填列方法分析填列。如资产负债表中的"存货"项目，需根据"原材料"、"库存商品"、"委托加工物资"、"周转材料"、"材料采购"、"在途物资"、"发出商品"、"材料成本差异"等总账科目期末余额的分析汇总数，再减去"存货跌价准备"备抵科目余额后的金额填列。

（3）主要项目填列说明

1）货币资金：根据"库存现金"、"银行存款"、"其他货币资金"账户期末余额的合计数填列。

2）交易性金融资产：根据"交易性金融资产"账户的期末余额填列。

3）应收票据：根据"应收票据"账户的期末余额填列。

4）应收股利：根据"应收股利"账户的期末余额减去"坏账准备"账户中有关应收股利计提的坏账准备期末余额后的金额填列。

5）应收利息：根据"应收利息"账户的期末余额，减去"坏账准备"账户中有关应收利息计提的坏账准备期末余额后的金额填列。

6）应收账款：根据"应收账款"和"预收账款"账户所属各明细账户的期末借方余额合计数，加上"应收外汇账款"账户的期末余额，减去"坏账准备"账户所属"应收账款"和"应收外汇账款"明细账户期末余额后的金额填列。

7）预付款项：根据"预付账款"和"应付账款"账户所属各明细账户的期末借方余额合计数，加上"预付外汇账款"账户的期末余额后的金额填列。

8）其他应收款：本项目应根据"应收出口退税"和"其他应收款"账户的期末余额减去坏账准备账户中有关其他应收款计提的坏账准备期末余额后的金额填列。

9）存货：根据"材料采购"、"原材料"、"发出商品"、"库存商品"、"周转材料"、"委托加工物资"、"委托代销商品"等账户的期末余额合计，减去"受托代销商品款"、"存货跌价准备"账户期末余额后的金额填列。材料采用计划成本核算以及库存商品采用计划成本核算或售价核算的企业，还应按加或减材料成本差异、商品进销差价后的金额填列。

10）一年内到期的非流动资产：根据"持有至到期投资"、"长期应收款"、"长期待摊费用"账户所属有关明细账户的期末余额分析填列。

11）长期股权投资：根据"长期股权投资"账户的期末余额减去"长期股权投资减值准备"账户的期末余额后的金额填列。

12）固定资产：根据"固定资产"账户的期末余额减去"累计折旧"和"固定资产减值准备"账户期末余额后的金额填列。

13）在建工程：根据"在建工程"账户的期末余额减去"在建工程减值准备"

账户期末余额后的金额填列。

14）工程物资：根据"工程物资"账户的期末余额填列。

15）固定资产清理：根据"固定资产清理"账户的期末借方余额填列。如"固定资产清理"账户期末为贷方余额，以"—"号填列。

16）无形资产：根据"无形资产"账户的期末余额，减去"累计摊销"和"无形资产减值准备"账户期末余额后的金额填列。

17）开发支出：根据"研发支出"账户中所属的资本化支出明细账户期末余额填列。

18）长期待摊费用：根据"长期待摊费用"账户的期末余额扣除将于1年内（含1年）摊销的数额后的金额填列。

19）短期借款：根据"短期借款"账户的期末余额，加上"短期外汇借款"账户的期末余额后的金额填列。

20）应付票据：根据"应付票据"账户的期末余额填列。

21）应付账款：根据"应付账款"和"预付账款"科目所属各明细账户的期末贷方余额合计数，加上"应付外汇账款"账户的期末余额后的金额填列。

22）预收账款：根据"预收账款"和"应收账款"科目所属各明细科目的期末贷方余额合计数，加上"预收外汇账款"账户的期末余额后的金额填列。

23）应付职工薪酬：反映企业根据有关规定应付给职工的工资、职工福利、社会保险费、住房公积金、工会经费、职工教育经费、非货币性福利、辞退福利等各种薪酬。外商投资企业按规定从净利润中提取的职工奖励及福利基金也在本项目列示。本项目应根据"应付职工薪酬"账户的期末余额填列。

24）应交税费：根据"应交税费"账户的期末贷方余额填列。如"应交税费"账户期末为借方余额，应以"—"号填列。

25）应付利息：根据"应付利息"账户的期末余额填列。

26）应付股利：根据"应付股利"账户的期末余额填列。

27）其他应付款：根据"其他应付款"账户的期末余额填列。

28）长期借款：根据"长期借款"账户的期末余额，加上"长期外汇借款"账户的期末余额后的金额填列。

29）应付债券：根据"应付债券"账户的期末余额填列。

30）一年内到期的非流动负债：反映企业非流动负债中将于资产负债表日后1年内到期部分的金额，应根据"长期借款"、"长期外汇借款"、"应付债券"、"长期应付款"账户所属明细账户余额中将于1年内到期的金额之和计算填列。

31）实收资本（或股本）：根据"实收资本（或股本）"账户的期末余额填列。

32）资本公积：根据"资本公积"账户的期末余额填列。

33）盈余公积：根据"盈余公积"账户的期末余额填列。

34）未分配利润：在编制中期会计报表时，本项目应根据"本年利润"科目和"利润分配"账户的余额计算填列。在编制年度会计报表时，该项目应根据"利润分配——未分配利润"账户的余额直接填列，也可以利用表间钩稽关系从所有者权益变动表（或股东权益变动表）中得到。若为累计未弥补的亏损在本项目内以"－"号填列。

4. 资产负债表编制举例

例如，海虹服装进出口公司为一般纳税人，适用的增值税税率为 17%，所得税税率为 25%。2010 年 12 月 31 日的资产负债表（简表）如表 8.2 所示。

表 8.2 资产负债表（简表）

编制单位：海虹服装进出口公司　2010 年 12 月 31 日　　　　　　　　　　　　单位：元

资　产	年末数	负债和所有者权益	年末数
流动资产：		流动负债：	
货币资金	1 167 000	短期借款	1 010 000
交易性金融资产	50 000	应付账款	250 000
应收票据	60 000	应付票据	91 000
应收账款	125 000	应付职工薪酬	4 000
其他应收款		应交税费	13 000
存货	215 000	应付利息	
应收股利	8 000	1 年内到期的非流动负债	
1 年内到期的非流动资产		流动负债合计	1 368 000
流动资产合计	1625 000	非流动负债：	
非流动资产：		长期借款	50 000
持有至到期投资		应付债券	
长期股权投资		非流动负债合计	50 000
固定资产	690 000	负债合计	1 418 000
在建工程		所有者权益：	
工程物资		实收资本	595 000
固定资产清理		资本公积	92 000
无形资产		盈余公积	13 000
长期待摊费用	3 000	未分配利润	200 000
非流动资产合计	693 000	所有者权益合计	900 000
资产总计	2 318 000	负债及所有者权益合计	2 318 000

会计人员根据 2011 年 1 月登记的会计账簿记录及其他记录，整理出 2011 年 1 月总账及有关明细账余额如表 8.3 所示。

表 8.3 科目余额表

项　目	借方余额	项　目	贷方余额
库存现金	3 500	坏账准备	1 500
银行存款	830 000	累计折旧	410 000

项　目	借方余额	项　目	贷方余额
其他货币资金	228 310	短期借款	700 000
交易性金融资产	50 000	应付票据	132 000
应收账款	200 000	应付账款	100 000
应收外汇账款	332 000	应付外汇账款	92 000
其他应收款	1 000	其他应付款	12 000
应收出口退税	5 000	应付职工薪酬	20 300
在途物资	38 000	应交税费	24 800
原材料	75 000	长期外汇借款	310 000
库存商品	500 400	实收资本	2 000 000
长期股权投资	250 000	资本公积	92 000
固定资产	1 550 000	盈余公积	13 000
无形资产	42 000	未分配利润	207 610
长期待摊费用	10 000		
合　计	4 115 210	合　计	4 115 210

根据《企业会计准则第 30 号——财务报表列报》的有关规定，企业会计人员编制的资产负债表如表 8.4 所示。

表 8.4　资产负债表

会企 01 表

编制单位：海虹服装进出口公司　　2011 年 1 月 31 日　　　　　　　　　　单位：元

资　产	期末余额	年初余额	负债及所有者权益	期末余额	年初余额
流动资产：			流动负债：		
货币资金	1 061 810	1 167 000	短期借款	700 000	1 010 000
交易性金融资产	50 000	50 000	交易性金融负债		
应收票据		60 000	应付票据	132 000	91 000
应收账款	530 500	125 000	应付账款	192 000	250 000
预付款项			预收款项		
应收利息			应付职工薪酬	20 300	4 000
应收股利		8 000	应交税费	24 800	13 000
其他应收款	6 000		应付利息		
存货	613 400	215 000	应付股利		
1 年内到期的非流动资产			其他应付款	12 000	
其他流动资产			1 年内到期的非流动负债		
流动资产合计	2 261 710	1 625 000	其他流动负债		
非流动资产：			流动负债合计	1 081 100	1 368 000
可供出售金融资产			非流动负债：		
持有至到期投资			长期借款	310 000	50 000
长期应收款			应付债券		

资 产	期末余额	年初余额	负债及所有者权益	期末余额	年初余额
长期股权投资	250 000		长期应付款		
投资性房地产			专项应付款		
固定资产	1 140 000	693 000	预计负债		
在建工程			递延所得税负债		
工程物资			其他非流动负债		
固定资产清理			非流动负债合计	310 000	50 000
生产性生物资产			负债合计	1 391 100	1 418 000
油气资产			所有者权益（或股东权益）：		
无形资产	42000		实收资本（或股本）	2 000 000	595 000
开发支出			资本公积	92 000	92 000
商誉			减：库存股		
长期待摊费用	10 000	3 000	盈余公积	13 000	13 000
递延所得税资产			未分配利润	207 610	200 000
其他非流动资产			所有者权益（或股东权益）合计	2 312 610	900 000
非流动资产合计	1 442 000	693 000			
资产总计	3 703 710	2 318 000	负债及所有者权益合计	3 703 710	2 318 000

单位负责人：夏志　　　　财务负责人：杜鹏　　　　制表人：王非

（二）明确利润表的编制

1. 利润表的概念及作用

利润表（profit statement）是总括反映企业在一定时期（月份、季度、年度）经营成果的报表。它是根据"收入－费用＝利润"这一等式，把一定期间的收入与其同一会计期间相关的费用进行配比，计算出企业一定时期的净利润（或净亏损）。需要说明的是，由于收入不包括处置固定资产净收益等，费用不包括处置固定资产净损失等，因此，收入减去费用需要经过调整才能等于利润。

通过提供利润表，可以从总体上反映企业在一定会计期间收入、费用、利润（或亏损）的数额及构成情况；同时，通过利润表提供的不同时期的比较数字（本期金额和上期金额），可以帮助财务报表使用者全面了解企业的经营成果，分析企业的获利能力及盈利增长趋势，了解投资者投入资本的保值增值情况，从而为其作出经济决策提供依据。由于利润表既是企业经营业绩的综合体现，又是企业进行利润分配的主要依据，因此，利润表是会计报表中的一张主要报表。

2. 利润表的格式及内容

利润表是通过一定的表格来反映企业的经营成果的，目前比较普遍的利润表的格式有多步式利润表和单步式利润表两种。根据《企业会计准则第 30 号——财

《务报表列表》的相关解释规定，我国企业利润表采用多步式格式。其基本格式如表 8.5 所示。

表 8.5 利 润 表

会企 02 表

编制单位：　　　　　　　　　　年　　月　　　　　　　　　　　单位：元

项　目	本期金额	上期金额
一、营业收入		
减：营业成本		
营业税金及附加		
销售费用		
管理费用		
财务费用		
资产减值损失		
加：公允价值变动损益（损失以"—"号填列）		
投资收益（损失以"—"号填列）		
其中：对联营企业和合营企业的投资收益		
二、营业利润（亏损以"—"号填列）		
加：营业外收入		
减：营业外支出		
其中：非流动资产处置损失		
三、利润总额（亏损总额以"—"号填列）		
减：所得税费用		
四、净利润（净亏损以"—"号填列）		
五、每股收益		
（一）基本每股收益		
（二）稀释每股收益		

单位负责人：　　　　　　财务负责人：　　　　　　制表人：

根据上述格式，我们可以清楚地看到多步式利润表主要包括营业利润、利润总额和净利润三个部分。

3. 利润表的编制

（1）利润表的编制步骤

第一步，以营业收入为基础，计算营业利润。计算公式为

营业利润＝营业收入－营业成本－营业税金及附加－销售费用
　　　　　－管理费用－财务费用－资产减值损失
　　　　　＋公允价值变动收益（－公允价值变动损失）
　　　　　＋投资收益（－投资损失）

第二步，以营业利润为基础，计算利润总额。计算公式为

$$利润总额＝营业利润＋营业外收入－营业外支出$$

第三步，以利润总额为基础，计算净利润。计算公式为

$$净利润＝利润总额－所得税费用$$

此外，对于普通股或潜在普通股已公开交易的企业，以及正处于公开发行普通股或潜在普通股过程中的企业，还应当在利润表中列示"每股收益"信息。

（2）利润表项目的填列方法

利润表各项目均需填列"本期金额"和"上期金额"两栏。利润表"本期金额"、"上期金额"栏内各项数字，除"每股收益"项目外，应当按照相关科目的发生额分析填列。

1）"上期金额"的填列方法。"上期金额"栏内各项目数字，应根据上年该期利润表的"本期金额"栏内所列数字填列。如果上年度利润表中的项目名称与本年度不一致，应对上年利润表各项目的名称和数字按照本年度的规定进行调整，填入本表"上期金额"栏。

2）"本期金额"的填列方法。在编制中期利润表时，"本期金额"栏应分为"本期金额"和"年初至本期末累计发生额"两栏，分别填列各项目本中期（月、季或半年）各项目实际发生额以及自年初起至本中期（月、季或半年）末止的累计实际发生额。"上期金额"栏应分为"上年可比本中期金额"和"上年初至可比本中期末累计发生额"两栏，应根据上年可比中期利润表"本期金额"下对应的两栏数字分别填列。上年度利润表与本年度利润表的项目名称和内容不一致的，应对上年度利润表项目的名称和数字按本年度的规定进行调整。年终结账时，由于全年的收入和支出已全部转入"本年利润"科目并且通过收支对比结出本年净利润的数额。因此，应将年度利润表中的"净利润"数字，与"本年利润"科目结转到"利润分配——未分配利润"科目的数字相核对，检查账簿记录和报表编制的正确性。

（3）利润表项目的填列说明

1）营业收入：反映企业经营主要业务和其他业务所确认的收入总额。本项目应根据"主营业务收入——自营出口销售收入"、"主营业务收入——自营进口销售收入"和"其他业务收入"账户的净发生额分析填列。

2）营业成本：反映企业经营主要业务和其他业务所发生的成本总额。本项目应根据"主营业务成本——自营出口销售成本"、"主营业务成本——自营进口销售成本"和"其他业务成本"账户的净发生额分析填列。

3）营业税金及附加：反映企业经营业务应负担的消费税、营业税、城市建设维护税、资源税、土地增值税和教育费附加等。本项目应根据"营业税金及附加"账户的净发生额分析填列。

4）销售费用：反映企业在销售商品过程中发生的包装费、广告费等费用和为

销售本企业商品而专设的销售机构的职工薪酬、业务费等经营费用。本项目应根据"销售费用"账户的净发生额分析填列。

5）管理费用：反映企业为组织和管理生产经营发生的管理费用。本项目应根据"管理费用"的净发生额分析填列。

6）财务费用：反映企业筹集生产经营所需资金等而发生的筹资费用。本项目应根据"财务费用"账户的净发生额加上"汇兑损益"账户的借方净发生额分析填列。

7）资产减值损失：反映企业各项资产发生的减值损失。本项目应根据"资产减值损失"账户的净发生额分析填列。

8）公允价值变动收益：反映企业应当计入当期损益的资产或负债公允价值变动收益。本项目应根据"公允价值变动损益"账户的净发生额分析填列，如为净损失，则以"一"号填列。

9）投资收益：反映企业以各种方式对外投资所取得的收益。本项目应根据"投资收益"账户的净发生额分析填列。如为投资损失，则以"一"号填列。

10）营业利润：反映企业实现的营业利润。如为亏损，本项目以"一"号填列。

11）营业外收入：反映企业发生的与经营业务无直接关系的各项收入。本项目应根据"营业外收入"账户的净发生额分析填列。

12）营业外支出：反映企业发生的与经营业务无直接关系的各项支出。本项目应根据"营业外支出"账户的净发生额分析填列。

13）利润总额：反映企业实现的利润。如为亏损，本项目以"一"号填列。

14）所得税费用：反映企业应从当期利润总额中扣除的所得税费用。本项目应根据"所得税费用"账户的净发生额分析填列。

15）净利润：反映企业实现的净利润。如为亏损，本项目以"一"号填列。

4. 利润表编制举例

例如，海虹服装进出口公司 2010 年度利润表科目本年累计发生额如表 8.6 所示。

表 8.6　2010 年度利润表科目本年度累计发生额　　单位：元

科目名称	借方发生额	贷方发生额
主营业务收入——自营出口销售收入		3 200 000
主营业务收入——自营进口销售收入		1 800 000
主营业务成本——自营出口销售成本	1 900 000	
主营业务成本——自营进口销售成本	1 300 000	
主营业务收入——来料加工出口销售收入		200 000
主营业务成本——来料加工出口销售成本	100 000	
营业税金及附加	80 000	
销售费用	250 000	

科目名称	借方发生额	贷方发生额
管理费用	770 000	
财务费用	50 000	
汇兑损益	110 000	
资产减值损失	21 000	
投资收益		31 000
营业外收入		12 000
营业外支出	17 000	
所得税费用		

根据以上资料，编制的海虹服装进出口公司 2010 年度利润表如表 8.7 所示。

表8.7 利 润 表

会企 02 表

编制单位：海虹服装进出口公司　　　　2010 年 12 月　　　　单位：元

项　目	本期金额	上期金额
一、营业收入	5 200 000	
减：营业成本	3 300 000	
营业税金及附加	80 000	
销售费用	250 000	
管理费用	770 000	
财务费用	160 000	
资产减值损失	21 000	
加：公允价值变动损益（损失以"－"号填列）		
投资收益（损失以"－"号填列）	31 000	
其中：对联营企业和合营企业的投资收益		
二、营业利润（亏损以"－"号填列）	650 000	
加：营业外收入	12 000	
减：营业外支出	17 000	
其中：非流动资产处置损失		
三、利润总额（亏损总额以"－"号填列）	645 000	
减：所得税费用	161 250	
四、净利润（净亏损以"－"号填列）	483 750	
五、每股收益：		
（一）基本每股收益		
（二）稀释每股收益		

单位负责人：夏志　　　　财务负责人：杜鹏　　　　制表人：王非

（三）明确现金流量表的编制

1. 现金流量表的概念及作用

现金流量表（cash flow statement）是反映企业在一定会计期间现金和现金等价物流入和流出的报表。现金流量表是以现金为基础编制的，这里的现金是广义的概念，它包括现金及现金等价物。

现金是指企业库存现金以及可以随时用于支付的存款，包括库存现金、银行存款和其他货币资金等。

现金等价物是指企业持有的期限短、流动性强、易于转换为已知金额现金、价值变动风险很小的投资。期限短，一般是指从购买日起三个月内到期。现金等价物通常包括三个月内到期的债券投资等。权益性投资变现的金额通常不确定，因而不属于现金等价物。企业应当根据具体情况，确定现金等价物的范围，一经确定不得随意变更。

现金流量表可以对资产负债表和利润表中未反映的内容进行补充。资产负债表反映某一时点企业财务状况，但不能反映财务状况的变动情况及变动的原因。利润表是按权责发生制反映企业的经营成果，与现金变化存在着差异。现金流量表不仅能够列报企业已经发生的现金流入和现金流出项目，反映一定时期内现金的变化，而且能够说明现金变化的原因，可以帮助决策者预测企业未来现金流量，进一步使决策者对企业的偿债能力、支付能力和对外筹资能力作出评价。

2. 现金流量表的结构及内容

（1）现金流量表的内容

现金流量表反映的是企业现金和现金等价物流入、流出及净额情况，也就是反映企业的现金流量。一定期间内企业现金和现金等价物的流入和流出是由各种因素产生的，净额是流入减流出的余额。现金流量表首先应对企业现金流量的来源和用途进行合理的分类。《企业会计准则 31 号——现金流量表》将现金流量分为三类，即经营活动产生的现金流量、投资活动产生的现金流量、筹资活动产生的现金流量。

1）经营活动产生的现金流量。经营活动是指企业投资活动和筹资活动以外的所有交易和事项。经营活动产生的现金流量主要包括销售商品或提供劳务、购买商品、接受劳务、支付工资和交纳税款等流入和流出的现金和现金等价物。

2）投资活动产生的现金流量。投资活动是指企业长期资产的购建和不包括在现金等价物范围内的投资及其处置活动。投资活动产生的现金流量主要包括购建固定资产、处置子公司及其他营业单位等流入和流出的现金和现金等价物。

3）筹资活动产生的现金流量。筹资活动是指导致企业资本及债务规模和构成发生变化的活动。筹资活动产生的现金流量主要包括吸收投资、发行股票、分配利润、发行债券、偿还债务等流入和流出的现金和现金等价物。偿付应付账款、应付票据等商业应付款等属于经营活动，不属于筹资活动。

（2）现金流量表的结构

我国企业的现金流量表包括正表和补充资料两部分。正表是现金流量表的主体，企业一定会计期间现金流量的信息主要由正表提供。正表采用报告式结构，分类反映经营活动产生的现金流量、投资活动产生的现金流量和筹资活动产生的现金流量，最后汇总反映企业某一期间现金及现金等价物净增加额。现金流量表补充资料包括三部分内容：将净利润调节为经营活动的现金流量；不涉及现金收支的投资和筹资活动；现金及现金等价物净增加情况。

根据《企业会计准则 31 号——现金流量表》的相关解释规定，我国企业现金流量表的格式如表 8.8 和表 8.9 所示。

表 8.8 现金流量表（简化格式）

会企 03 表

编制单位：　　　　　　　　　年　　　　　　　　　　　　　　单位：元

项　　目	本期金额	上期金额
一、经营活动产生的现金流量		
销售商品、提供劳务收到的现金		
收到的税费返还		
收到其他与经营活动有关的现金		
经营活动现金流入小计		
购买商品、接受劳务支付的现金		
支付给职工及为职工支付的现金		
支付的各项税费		
支付其他与经营活动有关的现金		
经营活动现金流出小计		
经营活动产生的现金流量净额		
二、投资活动产生的现金流量		
收回投资收到的现金		
取得投资收益收到的现金		
处置固定资产、无形资产和其他长期资产回收的现金净额		
处置子公司及其他营业单位收到的现金净额		
收到其他与投资活动有关的现金		
投资活动现金流入小计		
购建固定资产、无形资产和其他长期资产支付的现金		
投资支付的现金		
取得子公司及其他营业单位支付的现金净额		

项　目	本期金额	上期金额
支付其他与投资活动有关的现金		
投资活动现金流出小计		
投资活动产生的现金流量净额		
三、筹资活动产生的现金流量		
吸收投资收到的现金		
取得借款收到的现金		
收到其他与筹资活动有关的现金		
筹资活动现金流入小计		
偿还债务支付的现金		
分配股利、利润或偿付利息支付的现金		
支付其他与筹资活动有关的现金		
筹资活动现金流出小计		
筹资活动产生的现金流量净额		
四、汇率变动对现金及现金等价物的影响		
五、现金及现金等价物净增加额		
六、期末现金及现金等价物余额		

表8.9　现金流量表补充资料

补　充　资　料	本期金额	上期金额
一、将净利润调节为经营活动现金流量		
净利润		
加：资产减值准备		
固定资产折旧		
无形资产摊销		
处置固定资产、无形资产和其他长期资产的损失（收益以"－"号填列）		
固定资产报废损失（收益以"－"号填列）		
公允价值变动损失（收益以"－"号填列）		
财务费用（收益以"－"号填列）		
投资损失（收益以"－"号填列）		
递延所得税资产减少（增加以"－"号填列）		
递延所得税负债增加（减少以"－"号填列）		
存货减少（增加以"－"号填列）		
经营性应收项目的减少（增加以"－"号填列）		
经营性应付项目的增加（减少以"－"号填列）		

补 充 资 料	本期金额	上期金额
其他		
经营活动产生的现金流量净额		
二、不涉及现金收支的投资和筹资活动		
债务转为资本		
一年内到期的可转换公司债券		
融资租入固定资产		
三、现金及现金等价物净增加情况		
现金的期末余额		
减：现金的期初余额		
加：现金等价物期末余额		
减：现金的等价物的期初余额		
现金及现金等价物净增加额		

3．现金流量表的编制

国际会计准则鼓励企业采用直接法编制现金流量表。直接法是指通过现金收入和现金支出的主要类别列示经营活动的现金流量。在实务中，一般以利润表中的营业收入、营业成本等数据为基础，将收入调整为实际收现数，将费用调整为实际付现数，并以一定的类别反映在现金流量表上。我国《企业会计准则31号——现金流量表》中要求采用直接法编制现金流量表，但现金流量表的补充资料采用间接法反映经营活动现金流量情况，以对现金流量表中采用直接法反映的经营活动现金流量进行核对和补充说明。采用直接法具体编制现金流量表时，可以采用工作底稿法或T型账户法，也可以根据有关科目记录分析填列。

现金流量表主要项目的说明及金额的确定如下。

（1）经营活动产生的现金流量

1）"销售商品、提供劳务收到的现金"项目：反映企业本年销售商品、提供劳务收到的现金，以及以前年度销售商品、提供劳务本年收到的现金（包括应向购买者收取的增值税销项税额）和本年预收的款项，减去本年销售本年退回商品和以前年度销售本年退回商品支付的现金。企业销售材料和代购代销业务收到的现金，也在本项目反映。本项目可以根据"库存现金"、"银行存款"、"应收账款"、"应收外汇账款"、"应收票据"、"预收账款"、"预收外汇账款"、"主营业务收入——自营出口销售收入"、"主营业务收入——自营进口销售收入"、"其他业务收入"等账户的记录分析填列。"销售商品、提供劳务收到的现金"项目的计算公式为

销售商品、提供劳务收到的现金

＝销售商品、提供劳务产生的"收入和增值税销项税额"

　　＋应收票据本期减少额（期初余额－期末余额）

　　＋应收账款本期减少额（期初余额－期末余额）

　　＋预收外汇账款本期增加额（期末余额－期初余额）

【例8.1】 海虹服装进出口公司 2010 年度的有关资料如表 8.10 所示。问：销售商品、提供劳务收到的现金是多少？

表 8.10　相关资料　　　　　　　　　　　　　　　　　　单位：万元

会 计 账 户	期初数	期末数
应收票据	2 000	3 000
应收账款	6 000	9 000
预收外汇账款	2 000	2 500
主营业务收入		5 000
应交税费——应交增值税（销项税额）		850

【解析】 销售商品、提供劳务收到的现金＝（5 000＋850）＋（2 000－3 000）＋（6 000－9 000）＋（2 500－2 000）＝2 350（万元）。

2）"收到的税费返还"项目：应根据"应收出口退税"和"营业外收入"账户的贷方发生额中收到的所得税、增值税、营业税、消费税、关税和教育费附加等各种税费返还额填列。

3）"收到其他与经营活动有关的现金"项目：反映企业经营租赁收到的租金等其他与经营活动有关的现金流入，金额较大的应当单独列示。

4）"购买商品、接受劳务支付的现金"项目：反映企业本年购买商品、接受劳务实际支付的现金（包括增值税进项税额），以及本年支付以前年度购买商品、接受劳务的未付款项和本年预付款项，减去本年发生的购货退回收到的现金。企业购买材料和代购代销业务支付的现金，也在本项目反映。主要根据"主营业务成本——自营出口销售成本"、"主营业务成本——自营进口销售成本"、"应交税费（进项税额）"、"应付账款"、"应付外汇账款"、"预付账款"、"预付外汇账款"、"其他业务成本"和"存货"等账户的记录分析填列。"购买商品、接受劳务支付的现金"项目的计算公式为

购买商品、接受劳务支付的现金

＝当期购买商品、接受劳务支付的现金（销售成本和增值税进项税额）

　　＋应付外汇账款本期减少额（期初余额－期末余额）

　　＋应付票据本期减少额（期初余额－期末余额）

　　＋预付账款本期增加额（期末余额－期初余额）

　　＋存货本期增加额（期末余额－期初余额）

【例 8.2】 海虹服装进出口公司 2010 年度的有关资料见表 8.11 所示。问：购买商品、接受劳务支付的现金是多少？

表 8.11 相关资料 单位：万元

会 计 账 户	期初数	期末数
存货	4 000	7 000
应付外汇账款	3 000	2 000
预付账款	1 500	2 000
主营业务成本		10 000
应交税费——应交增值税（进项税额）		1 700

【解析】 购买商品、接受劳务支付的现金 = 10 000 + 1 700 + (7 000 - 4 000) + (3 000 - 2 000) + (2 000 - 1 500) = 16 200（万元）。

5）"支付给职工以及为职工支付的现金"项目：反映企业本年实际支付给职工的工资、奖金、各种津贴和补贴等职工薪酬（包括代扣代缴的职工个人所得税）。本项目可以根据"应付职工薪酬"、"库存现金"、"银行存款"等账户的记录分析填列。

6）"支付的各项税费"项目：反映企业本年发生并支付、以前各年发生本年支付以及预交的各项税费，包括所得税、增值税、营业税、消费税、印花税、房产税、土地增值税、车船使用税、教育费附加等。本期退回的增值税、所得税在"在收到的税费返还"项目反映。本项目可以根据"应收账款"、"库存现金"、"银行存款"、"营业税金及附加"、"营业外收入"、"其他应收款"等账户的记录分析填列。

【例 8.3】 海虹服装进出口公司 2010 年度的有关资料如下：

① 2010 年利润表中的所得税费用为 2 500 万元。

② "应交税费——应交所得税"年初数为 900 万元，年末数为 1 200 万元；应交的消费税为 120 万元，假定不考虑其他税费。问："支付的各项税费"项目的金额是多少？

【解析】 "支付的各项税费"项目的金额 = 2 500 + 900 - 1 200 + 120 = 2 320（万元）。

7）"支付其他与经营活动有关的现金"项目：反映企业经营租赁支付的租金、支付的差旅费、业务招待费、保险费、罚款支出等其他与经营活动有关的现金流出，金额较大的应当单独列示。

（2）投资活动产生的现金流量

1）"收回投资收到的现金"项目：反映企业出售、转让或到期收回除现金等价物以外的对其他企业长期股权投资而收到的现金，但处置子公司及其他营业单位收到的现金净额除外。本项目可以根据资产负债表中的"可供出售金融资产"、

"长期股权投资"、"库存现金"、"银行存款"等账户的记录分析填列。

【例8.4】 海虹服装进出口公司 2010 年 4 月 1 日购买 B 股票，支付的全部价款 50 万元，5 月 3 日将此股票全部出售，出售价款 80 万元。问："收回投资收到的现金"项目的金额是多少？

【解析】 "收回投资收到的现金"项目的金额＝80（万元）。

2）"取得投资收益收到的现金"项目：反映企业除现金等价物以外的对其他企业的长期股权投资等分回的现金股利和利息等，不包括股票股利。本项目可以根据"库存现金"、"银行存款"、"投资收益"等账户的记录分析填列。

【例8.5】 海虹服装进出口公司 2010 年度"投资收益"账户的贷方发生额为 50 000 元（收到投资单位支付的现金股利）。问："取得投资收益收到的现金"项目的金额是多少？

【解析】 "取得投资收益收到的现金"项目的金额＝50 000（元）。

3）"处置固定资产、无形资产和其他长期资产收回的现金净额"项目：反映企业出售、报废固定资产、无形资产和其他长期资产所取得的现金（包括因资产毁损而收到的保险赔偿收入），减去为处置这些资产而支付的有关费用后的净额。本项目可以根据"固定资产清理"、"库存现金"、"银行存款"等账户的记录分析填列。

【例8.6】 海虹服装进出口公司 2010 年度出售固定资产原价 800 万元，累计折旧 500 万元，支付的清理费用 30 万元，收到的出售价款 350 万元存入银行。问："处置固定资产、无形资产和其他长期资产项目的现金净额"项目的金额是多少？

【解析】 "处置固定资产、无形资产和其他长期资产回收的现金净额"项目的金额＝350－30＝320（万元）。

4）"处置子公司及其他营业单位收到的现金净额"项目：反映企业处置子公司及其他营业单位所取得的现金，减去相关处置费用以及子公司及其他营业单位持有的现金和现金等价物后的净额。

5）"购建固定资产、无形资产和其他长期资产支付的现金"项目：反映企业购买、建造固定资产、取得无形资产和其他长期资产所支付的现金，以及用现金支付的应由在建工程和无形资产负担的职工薪酬。本项目可以根据"固定资产"、"在建工程"、"无形资产"、"库存现金"、"银行存款"等账户的记录分析填列。

【例8.7】 海虹服装进出口公司 2010 年度，用现金 200 万元购入 1 台机器设备，同时购入商标权 100 万元。问："购建固定资产、无形资产和其他长期资产支付的现金"项目的金额是多少？

【解析】 "购建固定资产、无形资产和其他长期资产支付的现金"项目的金额＝200＋100＝300（万元）。

6）"投资支付的现金"项目：反映企业取得除现金等价物以外的对其他企业

的长期股权投资所支付的现金以及支付的佣金、手续费等附加费用，但取得子公司及其他营业单位支付的现金净额除外。本项目可以根据"可供出售金融资产"、"长期股权投资"、"库存现金"、"银行存款"等账户的记录分析填列。

【例8.8】 海虹服装进出口公司2010年度的"可供出售的金融资产"账户发生额见表8.12所示。问："投资支付的现金"项目的金额是多少？

表8.12 "可供出售的金融资产"账户发生额

单位：万元

账户名称	年初余额	本年增加额	本年减少额	年末余额
可供出售金融资产	150		50（出售）	200

【解析】 "投资支付的现金"项目的金额＝200＋50－150＝100（万元）。

7）"取得子公司及其他营业单位支付的现金净额"项目：反映企业购买子公司及其他营业单位购买出价中以现金支付的部分，减去子公司及其他营业单位持有的现金和现金等价物后的净额。

8）"收到其他与投资活动有关的现金"、"支付其他与投资活动有关的现金"项目：反映企业除上述1）～7）项目外收到或支付的其他与投资活动有关的现金，金额较大的应当单独列示。

（3）筹资活动产生的现金流量

1）"吸收投资收到的现金"项目：反映企业收到的投资者投入的现金，包括以发行股票、债券等方式筹集资金实际收到的款项，减去直接支付的佣金、手续费、宣传费、咨询费、印刷费等发行费用后的净额。本项目可以根据"实收资本（或股本）"、"库存现金"、"银行存款"等账户的记录分析填列。

2）"取得借款收到的现金"项目：反映企业举借各种短期、长期借款而收到的现金。本项目可以根据"短期借款"、"短期外汇借款"、"长期借款"、"长期外汇借款"、"库存现金"、"银行存款"等账户的记录分析填列。

【例8.9】 如海虹服装进出口公司2009年度"短期外汇借款"账户的年初数额为200万元，年末余额为250万元；2009年借入短期外汇借款300万元。问："取得借款收到的现金"项目的金额为多少？

【解析】 "取得借款收到的现金"项目的金额＝300（万元）。

3）"偿还债务支付的现金"项目：反映企业为偿还债务本金而支付的现金。企业支付的借款利息和债务利息在"分配股利、利润和偿付利息支付的现金"项目反映，不包括在本项目内。本项目可以根据"短期借款"、"短期外汇借款"、"长期借款"、"长期外汇借款"、"库存现金"、"银行存款"等账户的记录分析填列。

【例8.10】 如海虹服装进出口公司2010年度"短期外汇借款"账户的年初数额为200万元，年末余额为250万元；2010年借入短期外汇借款300万元。问："偿还债务支付的现金"项目金额为多少？

【解析】 "偿还债务支付的现金"项目的金额＝200＋300－250＝250（万元）。

4）"分配股利、利润或偿付利息支付的现金"项目：反映企业实际支付的现金股利、支付给其他投资单位的利润或用现金支付的借款利息、债券利息。本项目可以根据"应付股利"、"应付利息"、"财务费用"、"库存现金"、"银行存款"等账户的记录分析填列。

【例 8.11】 如海虹服装进出口公司 2010 年度"财务费用"账户的借方发生额为 20 万元，均为利息费用，以银行存款支付。问："分配股利、利润或偿付利息支付的现金"项目的金额为多少？

【解析】 "分配股利、利润或偿付利息支付的现金"项目的金额＝20（万元）。

5）"收到其他与筹资活动有关的现金"、"支付其他与筹资活动有关的现金"项目：反映企业除上述 1）～4）项目外收到或支付的其他与筹资活动有关的现金，金额较大的应当单独列示。

（4）汇率变动对现金及现金等价物的影响

"汇率变动对现金及现金等价物的影响"项目：该项目反映企业外币现金流量及境外子公司的现金流量折算为人民币时，所采用现金流量发生日的即期汇率折算的人民币金额，与企业外币现金及现金等价物净增加额，按期末汇率折算的人民币金额之间的差额。该项目根据"汇兑损益"账户的净发生额填列。

任务二　掌握对内报表

外贸企业除需要编制前述资产负债表、利润表、现金流量表、所有者权益变动表等之外，还需要编制一些与其经营特点相关的会计报表，仅提供给企业内部使用，这种不对外公开的会计报表称为对内报表，主要有主要进口商品销售成本及盈亏表、主要出口商品成本及盈亏表等。

（一）了解主要进口商品销售成本及盈亏表

1. 主要进口商品销售成本及盈亏表的格式

主要进口商品销售成本及盈亏表是反映外贸企业季度、年度主要进口商品销售收入、销售总成本、商品进价及盈亏额情况的会计报表。其基本格式如表 8.13 所示。

2. 主要进口商品销售成本及盈亏表的填列方法

1）"商品名称"和"计量单位"栏应按照国家海关统一编制的海关商品码目录执行。

2）"销售收入"栏应按照各有关进口销售收入账户及其明细账户的发生额分析填列。

表 8.13 主要进口商品销售成本及盈亏表　　　　　　　　　　　　单位：元

商品名称	计量单位	销售数量	销售收入		销售总成本								盈亏额			
					总值	商品进价					进口费用	销售税金及附加	本年		上年同期	
						合计	国外进价			进口关税及消费税			单位盈亏	总额	单位盈亏	总额
			单位	金额			美元单价	美元金额	人民币金额							
1	2	3	4	6	7	8	9	10	11	12	13	14	17	18	19	20
合　计																

财务负责人：　　　　　　　复核人：　　　　　　　制表人：

3）"销售总成本"栏填列方法有以下几种：

①"总值"项按"商品进价"（国外进价加进口关税及消费税）加"进口费用"和"销售税金及附加"后的金额填列。

②"商品进价"中"国外进价"项下"人民币金额"栏按有关进口销售成本账户发生额分析填列；"美元金额"栏按期末中国人民银行公布的美元对人民币汇价或国家规定的美元折算价折算后填列。所折算的美元金额除以销售数量得出"美元单价"。

③"进口费用"项按照进口商品营业费用和应分摊到进口商品的管理费用和财务费用计算填列。其中，营业费用一般直接认定到商品，管理费用和财务费用按照合理方法在账外分摊计入各有关进口商品。

④"销售税金及附加"项按照销售税金及附加科目有关内容分析填列。其中，能直接认定到商品的应直接认定，不能直接认定到商品的在账外合理分摊。

⑤"盈亏额"栏按照"销售收入"减去"销售总成本"后的金额填列。

（二）了解主要出口商品销售成本及盈亏表

1. 主要出口商品成本及盈亏表的格式

主要出口商品成本及盈亏表是反映外贸企业季度、年度自营出口销售收入、出口总成本、盈亏总额和出口美元成本等情况的会计报表。其基本格式如表 8.14 所示。

2. 主要出口商品成本及盈亏表的填列方法

1）"商品名称"和"计量单位"栏按照国家海关统一编制的海关商品码目录执行。

2）"销售收入"栏中"人民币金额"按"主营业务收入——自营出口销售收

入"账户及有关明细账户发生额分析填列。"折美元"下的"金额"按照栏目中"人民币金额"除以期末国家美元外汇牌价或国家规定的美元折算价计算填列。"折美元"下的"金额"除以销售数量即可得出"折美元"下"单价"金额。

表8.14 主要出口商品成本及盈亏表

商品名称	计量单位	销售数量	销售收入			出口总成本									盈亏总额	出口美元成本/元			
			折美元		人民币金额	总值	出口经营成本							出口间接费用		本年		上年同期	
							商品进价			出口直接费用	消费税退税	出口关税	合计						
			单位	金额			单位	金额	其中:增值税未退金额							经营成本	总成本	经营成本	总成本
1	2	3	4	5	6	7	8	9	10	11	12	13	14	15	16	17	18	19	20
合　计																			

3)"出口总成本"总值由"出口经营成本"加"出口间接费用"组成。按"主营业务成本——自营出口销售成本"账户及有关明细账户发生额分析填列。

4)"出口经营成本"由"商品进价"加"出口直接费用"减"消费税退税"加"出口关税"组成。

5)"盈亏总额"栏按照"销售收入"减去"出口总成本"后的金额填列。

6)"出口美元成本（元）"栏下"经营成本"根据"出口每美元经营成本（元）＝出口经营成本/销售收入（美元）"公式计算填列。"总成本"根据"出口每美元总成本（元）＝出口总成本/销售收入（美元）"公式计算填列。

小　结

● 外贸企业的会计报表分为对外报表和对内报表。对外报表是指向企业以外的部门、其他单位以及个人提供的会计报表，主要包括资产负债表、利润表、现金流量表等。对内报表是仅提供给企业内部使用而不对外公开的会计报表，主要有主要出口商品成本及盈亏表、主要进口商品销售成本及盈亏表等。

● 资产负债表是指反映企业在某一特定日期的财务状况的报表。资产负债表中的资产应当按照流动资产和非流动资产两大类别在资产负债表中列示，在流动资产和非流动资产类别下进一步按性质分项列示。资产负债表中的负债应当按照流动负债和非流动负债两大类别在资产负债表中列示，在流动负债和非流动负债类别下进一步按性质分项列示。资产负债表中所有者权益一般按照实收资本（或股本）、资本公积、盈余公积和未分配利润分项列示。我国的资产负债表采用账户式结构。

● 利润表是反映企业在一定时期经营成果的报表。我国的利润表采用多步式格式。

● 现金流量表是反映企业在一定会计期间现金和现金等价物流入和流出的报表。现金流量表是以现金为基础编制的。我国企业的现金流量表包括正表和补充资料两部分。现金流量表正表中经营活动产生的现金流量应当采用直接法填列。

● 附注是对在资产负债表、利润表、现金流量表等报表中列示项目的文字描述或明细资料以及对未能在这些报表中列示项目的说明等。

● 主要进口商品销售成本及盈亏表是反映外贸企业季度、年度主要进口商品销售收入、销售总成本、商品进价及盈亏额情况的会计报表。

● 主要出口商品成本及盈亏表是反映外贸企业季度、年度自营出口销售收入、出口总成本、盈亏总额和出口美元成本等情况的会计报表。

思考与训练

一、复习思考题

1. 资产负债表中的资产、负债应如何分别列示？

2. 编制多步式利润表分为哪几个步骤？从利润表能否直接得出营业利润、利润总额和净利润的金额？

3. 现金流量分为哪几类？企业编制经营活动现金流量表的方法是什么？

4. 会计报表附注有什么作用？会计报表附注主要披露哪些内容？

5. 进出口企业的内部报表主要有哪些？

二、客观训练题

（一）选择题

1. A 公司 2009 年 12 月 20 日购入 B 公司 20 万股股票作为交易性金融资产，每股价格为 6 元。3 月 15 日收到 B 公司分派的现金股利 3 万元。6 月 30 日该股票的市价为每股 7 元，则交易性金融资产 6 月 30 日的账面余额为（　　）万元。

  A. 120 B. 123   C. 140   D. 143

2. 某企业"应付账款"科目月末贷方金额 40 000 元，其中，"应付甲公司账款"明细科目贷方金额 35 000 元，"应付乙公司账款"明细科目贷方金额 5 000 元，"预付账款"科目月末贷方金额 30 000 元。其中，"预付 A 工厂账款"明细科目贷方金额 50 000 元，"预付 B 工厂账款"明细科目借方金额 20 000 元。则该企业月末资产负债表中"应付账款"项目的金额为（　　）元。

  A. 90 000 B. 30 000   C. 40 000   D. 70 000

3. 编制资产负债表时，应根据总账科目和明细科目余额分析计算填列的项目有（　　）。

A．应收账款　B．长期借款　　　C．存货　　　　　D．短期借款

4．某企业 2007 年 4 月 1 日从银行借入期限为 3 年的长期借款 400 万元，编制 2009 年 12 月 31 日资产负债表时，此项借款应填入的报表项目是（　　　）。

A．短期借款　　　　　　　　B．长期借款

C．其他长期负债　　　　　　D．一年内到期的长期负债

5．某企业 2010 年 12 月 31 日结账后"应收账款"科目所属各明细科目的期末借方余额合计 450 000 元，贷方余额合计 220 000 元，对应收账款计提的坏账准备为 50 000 元，假定"预收账款"科目所属明细科目无借方余额。该企业 2010 年 12 月 31 日资产负债表中的"应收账款"项目金额为（　　　）元。

A．400 000　　B．450 000　　　C．230 000　　　D．180 000

6．企业当期应交纳的增值税 54 000 元，当期交纳的消费税、营业税、资源税、城建税和教育费附加分别为 5 000 元、600 元、8 500 元、6 810 元，则反映在利润表上的营业税金及附加项目的数额应为（　　　）元。

A．74 910　　　B．20 910　　　C．14 100　　　D．54 000

7．下列经济业务所产生的现金流量中，属于"经营活动产生的现金流量"的是（　　　）。

A．变卖固定资产所产生的现金流量

B．取得债券利息收入所产生的现金流量

C．支付经营租赁费用所产生的现金流量

D．偿还债务所产生的现金流量

8．引起现金流量净额变动的项目是（　　　）。

A．将现金存入银行

B．用银行存款购买 1 个月到期的债券

C．用固定资产抵偿债务

D．用银行存款清偿 20 万元的债务

9．下列项目中，不符合现金流量表中现金的概念是（　　　）。

A．企业的库存现金

B．企业的银行汇票存款

C．不能随时用于支付的定期存款

D．企业购入的 3 个月到期的国债

10．下列各项中，不属于筹资活动所产生的现金流量是（　　　）。

A．吸收权益性投资所收到的现金

B．收回债券投资所收到的现金

C．发行债券所收到的现金

D．借入资金所收到的现金

11．下列资产负债表项目中，应根据其总账账户期末余额直接填列的是（　　　）。

A．预收账款　　　　　　　　B．在建工程

C. 长期借款　　　　　　　　D. 应付账款

12. 资产负债表中的"应收账款"项目，应（　　　）。

A. 直接根据"应付账款"科目的期末贷方余额填列

B. 根据"应付账款"科目的期末贷方余额和"应收账款"科目的期末借方余额计算填列

C. 根据"应收账款"科目和"预收账款"科目所属相关明细科目的期末借方余额计算填列

D. 根据"应收账款"科目的期末贷方余额和"预收账款"科目的期末贷方余额计算填列

13. 上市公司 2007 年营业收入为 6 000 万元，营业成本为 4 000 万元，营业税金及附加为 60 万元，销售费用为 200 万元，管理费用为 300 万元，财务费用为 70 万元，资产减值损失为 20 万元，公允价值变动收益为 10 万元，投资收益为 40 万元，营业外收入为 5 万元，营业外支出为 3 万元，C 上市公司 2007 年营业利润为（　　）元。

A. 1 370　　　B. 1 360　　　　C. 1 402　　　　　D. 1 400

14. 下列资产负债表项目中，不是根据科目余额减去其备抵项目后的净额填列的项目是（　　　）。

A. 固定资产　　　　　　　　B. 可供出售金融资产

C. 无形资产　　　　　　　　D. 交易性金融资产

15. "应付账款"明细账中若有借方余额，应计入资产负债表中的项目是（　　　）。

A. 预收款项　　　　　　　　B. 应付款项

C. 预付款项　　　　　　　　D. 其他应收款

16. 下列项目中，应列入资产负债表中的"存货"项目的是（　　　）。

A. 发出商品　　　　　　　　B. 工程物资

C. 委托加工物资　　　　　　D. 库存产品

17. 下列属于投资活动产生的现金流量的有（　　　）。

A. 融资租入固定资产所支付的租金

B. 无形资产的购建与处置

C. 收到联营企业分回的利润

D. 债权性投资的利息收入

18. 资产负债表的数据可以通过以下几种方式取得（　　　）。

A. 根据总账科目余额直接填列

B. 根据总账科目余额计算填列

C. 根据明细科目余额直接填列

D. 根据明细科目余额计算填列

19. 现金流量表中的"支付给职工以及为职工支付的现金"项目包括（　　　）。

A. 支付给生产工人的奖金

B．支付给退休人员的退休金

C．支付给在建工程人员的工资

D．为职工支付的养老保险金

20．下列交易或事项中，不会影响当期现金流量的有（　　　）。

　　A．发放股票股利　　　　　　B．计提固定资产折旧

　　C．以长期投资偿还长期负债　　D．以固定资产对外进行投资

21．在下列项目中，应列入利润表中"营业外收入"项目的是（　　　）。

　　A．出口退税　　　　　　　　B．先征后返还收到的增值税

　　C．无法支付的应付账款　　　　D．接受现金捐赠

22．按会计准则规定，企业的财务报告的内容包括（　　　）。

　　A．资产负债表　　　　　　　B．利润表

　　C．现金流量表　　　　　　　D．所有者权益变动表

23．下列资产减值准备科目余额，不在资产负债表上单独列示的有（　　　）。

　　A．可供出售金融资产减值准备

　　B．无形资产减值准备

　　C．存货跌价准备

　　D．固定资产减值准备

24．下列资产负债表各项目中，属于流动负债的有（　　　）。

　　A．预收账款　　　　　　　　B．其他应付款

　　C．预付账款　　　　　　　　D．一年内到期的长期借款

25．资产负债表中"存货"项目的金额，应根据（　　　）账户的余额分析填列。

　　A．材料采购　　　　　　　　B．材料成本差异

　　C．发出商品　　　　　　　　D．库存商品

26．资产负债表中的应付账款项目应根据（　　　）填列。

　　A．应付账款总账余额

　　B．应付账款所属明细账借方余额合计

　　C．应付账款所属明细账贷方余额合计

　　D．预付账款所属明细账贷方余额合计

（二）判断题

1．我国企业利润表的结构是单步式利润表。　　　　　　　　　　　（　　　）

2．企业必须对外提供资产负债表、利润表和现金流量表，会计报表附注不属于必须对外提供的资料。　　　　　　　　　　　　　　　　　　　　（　　　）

3．资产负债表是反映企业一定期间财务状况的报表。　　　　　　　（　　　）

4．资产负债表中，"长期借款"项目，应根据"长期借款"的总账余额直接填列。　　　　　　　　　　　　　　　　　　　　　　　　　　　　　（　　　）

5．增值税应在利润表的营业税金及附加项目中反映。　　　　　　　（　　　）

6．资产负债表中反映的资产总额，均是企业所拥有的资产。　　　　（　　　）

三、业务操作题

1. 目的：练习资产负债表的编制。

资料：某企业 2010 年 12 月 31 日结账后有关科目余额如表 8.15 所示。

表 8.15 科 目 余 额

科目名称	借方余额	贷方余额
应收账款	1 600 000	120 000
预付账款	700 000	60 000
应付账款	300 000	1 500 000
预收账款	800 000	1 400 000

要求：计算该企业 2010 年 12 月 31 日资产负债表中相关项目的金额。

2. 目的：练习利润表的编制。

资料：某进出口公司为增值税一般纳税人，销售货物的增值税率为 17%，所得税税率 25%，2010 年发生下列相关业务。

（1）从美国进口 A 商品 100 吨，每吨 200 美元 FOB 价格，以银行存款向银行购汇承付货款，当日银行美元汇率为 1∶6.50，支付国外运费 1 000 美元，货到岸时，支付进口关税 5 460 元，进口增值税 24 133.2 元。

（2）对美国某公司出口 B 产品 200 吨，CIF 纽约每吨 USD2 500，按银行外汇中间价 6.4 美元计算，该商品国内进价每吨 8 500 元，已收到货款。

（3）以银行存款支付全年办公费 30 000 元，广告费 50 000 元。

（4）计提短期借款利息 60 000 元。

（5）对某受灾区捐赠 80 000 元，款已通过银行划出。

（6）按规定应交城市维护建设税 21 000 元，教育费附加 9 000 元。

（7）计算本年应交所得税（假设无纳税调整项目）。

（8）结转本年损益类科目发生额。

（9）结转本年净利润。

要求：根据以上资料编制会计分录，编制本年的利润表。

模拟训练题库

训　练　一

一、填空题

1. 新准则规定会计计量的属性有_____。
2. 我国财务会计的计账基础是_____。
3. 外贸会计的对象是_____。
4. 外贸企业经营活动是特点是_____。
5. FOB 中文名是_____；CFR 中文名是_____；CIF 中文名是_____；FAS 中文名是_____。
6. 初步 FOB 净额是指_____。
7. 国际结算支付方式的组成要素有_____。
8. T/T 表示_____；D/D 表示_____；M/T 表示_____。
9. 托收结算里的代收银行是指_____。
10. D/A 是指_____跟单托收；D/P 是指_____跟单托收。
11. 信用证结算里的通知行是指_____；保兑行是指_____；付款行是指_____；议付行是指_____。
12. 开证行具有_____责任，即信用证结算属于_____信用。
13. 循环信用证适用于_____。
14. 海运运费的基本运费的吨位按_____和_____较高者计量。
15. 海运运费的附加费包括_____。
16. 海上风险包括_____和_____；保险公司提供的险种有_____。
17. 保险费=_____。
18. 佣金包括_____和_____；支付方式有_____。
19. 外汇按结算的交割期分为_____和_____。
20. 外汇管制是指_____，包含_____管制和_____管制。
21. 外币记账方法有_____。
22. 汇率的标价方法有_____。
23. 记账汇率是指_____；账面汇率是指_____。

二、资料

（一）9月1日，华欣电器进出口公司外币账户余额如下：

账户名称	外币余额	账面汇率	人民币金额
银行存款——美元户	USD56 000	8.28	463 680
应收外汇账款	USD42 000	8.28	347 760
应付外汇账款	USD36 000	8.28	298 080

（二）9月份发生下列有关经济业务：

1. 2日，支付上月结欠韩国仁川公司外汇账款 36 000 美元，当日美元汇率的中间价为 8.29 元。

2. 4日，销售给德国柏林公司电器一批，发票金额为 68 000 美元，当日美元汇率的中间价为 8.29 元。

3. 7日，向日本京都公司进口电器一批，发票金额为 50 000 美元，款项尚未支付，当日美元汇率的中间价为 8.29 元。

4. 9日，向银行购汇 30 000 美元，以备支付前欠日本京都公司货款，当日美元汇率卖出价为 8.30 元，中间价为 8.28 元。

5. 10日，支付前欠日本京都公司货款 50 000 美元，当日美元汇率的中间价为 8.28 元。

6. 12日，银行收妥上月美国芝加哥公司结欠货款 42 000 美元，送来收汇通知，当日美元汇率的中间价为 8.28 元。

7. 16日，银行收妥德国柏林公司款项 68 000 美元，送来收汇通知，当日美元汇率的中间价为 8.28 元。

8. 20日，因外币存款余额已超过限额 10 000 美元，今将 10 000 美元向银行办理结汇手续，当日汇率买入价 8.27 元，当日美元汇率的中间价为 8.28 元。

9. 23日，销售给美国芝加哥公司电器一批，发票金额为 62 000 美元，当日美元汇率的中间价为 8.28 元。

10. 27日，向韩国汉城公司购进电器一批，发票金额为 47 500 美元，款项尚未支付，当日美元汇率的中间价为 8.28 元。

11. 30日，美元市场汇率的中间价为 8.27 元，调整各外币账户的期末余额。

要求：（一）根据"资料（一）"，"资料（二）"，外币账户按当日市场汇率折算，用逐笔结转法编制会计分录并调整期末余额。

（二）根据"资料（一）"，"资料（二）"，外币账户按当日市场汇率折算，用集中结转法编制会计分录并调整期末余额。

训 练 二

一、计算分析题

要求：计算 USD 运费。

资料：天津 A 自行车厂出口一批自行车去南非伊丽莎白港 SA 公司，共计 100 箱，重 17 000 千克，体积 52.3 立方米。经中国香港中转南非航线。伊丽莎白港属基本港，不再转船。自行车属 W/M 计费，1 立方米=350 千克。一程至香港为 USD25.5/T，二程至伊丽莎白港为 USD88/T。香港中转附加费 HKD62/T，伊丽莎白港在此期间要加港口拥挤附加费 USD2/T。汇率 USD1=HKD7.8

二、分录题

（一）资料：上海玩具出口公司 6 月份发生下列有关的经济业务：

1. 1 日，苏州玩具厂发来小银河飞船 1 000 箱，每箱 110 元，计货款 110 000 元，附来专用发票（发货联）431 号。验收时，发现其中 100 箱是火箭飞车，则以拒收商品代为保管。合格的 900 箱全部收入库。

2. 3 日，银行转来苏州玩具厂托收凭证，附来专用发票（发票联）431 号，开列小银河飞船 1 000 箱，每箱 110，计货款 110 000 元，增值税额 18 700 元，运杂费凭证 600 元。查该商品已于 1 日入库，其中 100 箱拒收，当即开具拒绝付款理由书，拒付 100 箱小银河飞船货款，增值税额及其运杂费，同时承付已入库小银河飞船的货款、增值税额及运杂费。

3. 4 日，银行转来无锡玩具厂托收凭证，附来专用发票（发票联）274 号，开列轨道火车 500 箱，每箱 120 元，计货款 60 000 元，增值税额 10 200 元，运杂费凭证 500 元。查验与合同相符，当即承付全部款项。

4. 5 日，本月 1 日拒收的 100 箱商品经联系后同意作为购进货物。对方开来专用发票（发票联）和（发货联）455 号，开列火箭飞车 100 箱，每箱 100 元，计货款 10 000 元，增值税额 1 700 元，当即由银行汇去货款及以前拒付的运杂费。

5. 7 日，无锡玩具厂发来轨道火车 500 箱，附来专用发票（发票联）274 号，验收时发现其中 50 箱质量不符要求，予以拒收，商品代为保管，由业务部门与对方联系解决。合格的 450 箱商品已验收入库。

6. 9 日，经联系后，无锡玩具厂要求将拒收的轨道火车 50 箱退回。今以现金 55 元代垫退回无锡玩具厂的运杂费，同时向银行办妥退货款、增值税额及代垫运费的托收手续。

7. 10 日，向先锋童车厂赊购童车 3 000 辆，每辆 25 元，计货款 75 000 元，增值税额 12 750 元。厂方给予的付款条件为：10 天内付清货款，购货折扣为 2%；20 天内付清货款，购货折扣为 1%；超过 20 天付款为全价。童车已验收入库。

8. 12 日，向新艺玩具厂赊购长毛绒熊猫 600 箱，每箱 90 元，计货款 54 000 元，增值税额 9 180 元。厂方给予的付款条件为：10 天内付清货款，购货折扣为 2%；超过 10 天付款为全价。长毛绒熊猫已验收入库。

9. 17 日，银行转来厦门玩具厂托收凭证，附来专用发票（发票联）595 号，开列卡通警车 360 箱，每箱 200 元，计货款 72 000 元，增值税额 12 240 元，运杂费凭证 800 元。查验与合同相符，当即承付全部款项。

10. 22 日，签发转账支票一张，金额为 62 100 元，系支付赊购新艺玩具厂毛绒熊猫的货款 52 920 元，增值税额 9 180 元。

11. 24 日，厦门玩具厂发来卡通警车 360 箱，每箱 200 元，计货款 72 000 元，附来专用发票（发货联）595 号。验收时发现漆水未达到合同要求，以拒收，商品代为保管，由业务部门与对方联系解决。

12. 26 日，经联系后，厦门玩具厂同意对漆水不符要求的卡通警车给予 10% 的购货折让发票。折让款 7 200 元及应退增值税额 1 224 元均未收到，商品已验收入库。

13. 30 日，签发转账支票一张，金额为 87 000 元，系支付赊购先锋童车货款 74 250 元，增值税额 12 750 元。

要求：作出相关分录。

（二）资料：新光服装进出口公司 12 月份发生下列有关的经济业务：

1. 2 日，收到储运部门转来出库单（记账联），列明出库衬衫 250 箱，每箱 300 元，予以转账。

2. 4 日，收到储运部门转来退关止装入库单，列明 2 日出库衬衫 250 箱，每箱 300 元，因规格不符，已退回验收入库。

3. 6 日，上月出口韩国汉城服装一批，销售金额 30 000 美元（CIF 价格），明佣 600 美元。该批服装的进价成本为 220 000 元，美元计账汇率为 8.28 元。因质量不符要求，商品被退回，收到出口退回商品提单及原发票复印件。当日美元汇率的中间价为 8.28 元，冲转商品销售收入和商品销售成本。

4. 10 日，该批服装出口时已支付国内运杂费 660 元，装卸费 340 元，国外运费 634 美元，保险费 66 美元，当日美元汇率的中间价为 8.28 元。予以冲转。

5. 12 日，汇付退回服装的国外费 644 美元，保险费 66 美元，当日美元汇率的中间价为 8.28 元。

6. 14 日，签发转账支票支付退回商品的国内运杂费及装卸费 980 元。

7. 16 日，收到储运部门转来的收货单，退回的服装已验收入库。

8. 18 日，今查明退货系供货单位开捷服装厂的责任，与其联系后，决定国内外费用由其负责赔偿。

9. 22 日，上月出口美国休斯敦服装公司特大号羽绒服 4 000 件，每件 17.50 美元（CIF 价格），货款 70 000 美元，明佣 1 400 美元，美元记账汇率为 8.28 元，款已收妥入账。现休斯敦服装公司因收到的是大号羽绒服，规格不符，索赔 6 000 美元。经审核无误后，同意理赔，当日美元汇率的中间价为 8.28。

10. 27 日，经查明羽绒服确系本单位发错商品，冲减商品销售收入 6 000 美元，其中佣金 120 美元。当日美元汇率的中间价为 8.28 元。

11. 30 日，收到储运部门转来出库单 2 张，一张是红字出库单，列明特大号羽绒服 4 000 件，每件 110 元；另一张是蓝字出库单，列明大号羽绒服 4 000 件，每件 100 元，调整商品销售成本。

要求：作出相关分录

（三）资料：上海玩具进出口公司受理苏州童车厂代理出口童车，代理手续费率为 2%，分别采取异地收汇和全额结汇法结算（暗佣采用议扣）。9 月份发生下列有关的经济业务：

1. 3 日，收到储运部门转来代理业务入库单，列明童车 8 000 辆，每辆 28 元。

2. 6 日，收到储运部门转来代理业务出库单，列明童车 8 000 辆，每辆 28 元。

3. 8 日，收到业务部门转来代理销售童车给日本大阪公司的发票副本和银行回单。发票列明童车 8 000 辆，每辆 5 美元（CIF 价格），共计货款 40 000 美元，佣金 800 美元，当日美元汇率的中间价为 8.28 元，并结转代理出口童车成本。

4. 10 日，签发转账支票 2 张，分别支付上海运输公司将童车运送上海港的运杂费 642 元及上海港装船费 600 美元。

5. 12 日，签发转账支票 2 张，分别支付外轮运输公司的国外运费 712 美元，保险费 88 美元，当日美元汇率的中间价为 8.28 元。

6. 25 日，收到银行转来分割收汇的收账通知，金额为 1 750 美元，款项全部存入外币存款户，当日美元汇率的中间价为 8.28 元。

7. 25 日，将代理业务的 2% 手续费收入 800 美元入账。

8. 25 日，收到银行转来分割结汇通知，划拨苏州童车厂收汇余额。

9. 30 日，按代理出口销售手续费收入的 5% 计提营业税。

要求：作出相关分录

（四）资料：上海服装进出口公司根据合同约定，接受美国纽约服装公司来料加工。现发生下列有关的经济业务：

1. 1 月 2 日，收到美国芝加哥服装公司发来衣料 3 000 米，每米 8 美元，计 24 000 美元，衣料已验收入库，当日美元汇率的中间价为 8.28 元。

2. 1 月 3 日，将 3 000 米衣料全部拨付浦江服装厂，加工生产 1 000 套男西服。

3. 1 月 29 日，浦江服装厂 1 000 套男西服加工完毕，每套加工费 80 元，当即签发转账支票付讫。

4. 1 月 30 日，储运部门转来加工商品入库单，浦江服装厂加工的 1 000 套男西服已验收入库。

5. 1 月 30 日，储运部门转来加工商品出库单，列明 1 000 套男西服已出库装船。

6. 1 月 31 日，签发转账支票支付男西服国内运费和装船费 1 350 元，并支付国外运费 1 113 美元，保险费 87 美元，当日美元汇率的中间价为 8.28 元。

7. 2 月 1 日，男西服每套加工费为 15.60 美元，向银行交单收取加工费 15 600 美元，转销外商发来材料款，并结转其销售成本。当日美元汇率的中间价为 8.28 元。

8. 2 月 15 日，收到银行转来收账通知，15 600 美元已收妥，银行扣除 19.50 美元收汇手续费，其余部分已存入外币存款账户，当日美元汇率的中间价为 8.29 元。

要求：作出相关分录。

训 练 三

一、是非题

1. 外贸企业收到银行转来的国外出口商的全套结算单据，应与信用证对照，只有在"单证相符"的情况下，才能向开征行办理进口付款赎单手续。（ ）

2. 进口贸易审核的单据主要有发票跟提单。（ ）

3. 自营进口商品销售采取单到结算方式，发生商品短缺属于运输单位负责的，外贸企业应向其索赔。（ ）

4. 外贸企业根据代理进口商品金额 CIF 价格的一定比例收取代理手续费。（ ）

二、不定项选择题

1. 自营进口商品的国外进价一律以_____为基础。
   - A. 成本加运费、保险费价格
   - B. 成本加运费价格
   - C. 船上交货价格
   - D. 成交价格

2. 自营进口商品销售采取_____时，进口商品采购的核算与销售几乎同时进行。
   - A. 货到结算
   - B. 单到结算
   - C. 单货同到结算
   - D. 出库结算

3. 进口业务按其经营性质不同，可分为_____。
   - A. 自营进口业务
   - B. 代理进口业务
   - C. 补偿贸易业务
   - D. 易货贸易业务

4. 采用信用证结算对发票的内容进行审核时要求_____。
   - A. 发票的内容必须与进口贸易合同的内容相一致
   - B. 发票的内容必须与信用证的条款内容相一致
   - C. 发票中有关项目的内容必须与其他有关的单据核对相符

5. 以 CFR 价格成交的，商品的采购成本还应当包括_____。
   - A. 国外运费
   - B. 国外保险费
   - C. 进口关税
   - D. 消费税

三、分录题

1. 资料：中兴烟酒进出口公司向美国巴顿公司进口卷烟，采用信用证结算方式，10 月份发生下列有关经济业务：

（1）15 日，接到银行转来巴顿公司全套结算单据，开列卷烟 600 箱，每箱 102 美元（CIF 价格），共计货款 61 200 美元，佣金 1 200 美元。经审核无误，扣除佣金后购汇付款。当日美元汇率卖出价为 8.30 元。

（2）16 日，该批卷烟售给武定公司，接到业务部门转来增值税专用发票，开列卷烟 600 箱，每箱 2 000 元，共计 1 200 000 元，增值税额 204 000 元。收到武定公司签发的商业汇票，并承兑支付全部款项。

（3）28 日，卷烟运达我国口岸，向海关申报卷烟应纳进口关税额 173 880 元，应纳消费税额 447 120 元，应纳增值税额 190 026 元。

（4）28 日，卷烟已采购完毕，结转其销售成本。

（5）31 日，以银行存款支付卷烟的进口关税额、消费税额和增值税额。

要求：编制会计分录。

2. 资料：中兴烟酒公司 11 月份接着又发生下列有关的经济业务：

（1）1 日，接到武定公司送来商检局出具的商品检验证明书，证明 10 月 28 日到货的美国巴顿公司发来的 600 箱卷烟为不合格产品，经与巴顿公司联系后同意作退货处理，垫付退还美国巴顿公司的国外运费 1 368 美元，保险费 132 美元，当日美元汇率卖出价为 8.30 元。

（2）2 日，将 600 箱卷烟作进货退出处理，并向税务部门申请退还已交的进口关税额和消费税额。

（3）2 日，开出红字专用发票，作销货退回处理，应退武定公司货款 1 200 000 元，增值税额 204 000 元。

（4）16 日，收到美国巴顿公司退回的货款及代垫费用 61 500 美元，当日美元汇率买入价为 8.26 元，收到银行转来结汇水单。

（5）18 日，签发转账支票支付武定公司卷烟的退货退税款 1 404 000 元。

（6）25 日，收到税务机关退还已交卷烟的进口关税额、消费税额和增值税额。

要求：编制会计分录。

3. 资料：庆华化工国际贸易公司自营进口商品采取单到结算方式，从英国伦敦公司进口农药采用信用证结算方式。3 月份发生下列有关的经济业务：

（1）1 日，接到银行转来英国伯明翰公司全套结算单据，开列农药 20 吨，每吨 2 000 英镑（CIF 价格），共计货款 40 000 英镑，佣金 800 英镑。经审核无误，扣除佣金后购汇付款。当日英镑汇率卖出价为 13.45 元。

（2）2 日，该批农药售给泰安公司，接到业务部门转来增值税专用发票，开列农药 20 吨，每吨 30 000 元，货款 600 000 元，增值税额 102 000 元，收到转账支票，存入银行。

（3）16 日，农药运达我国口岸，向海关申报应纳进口关税额 26 500 元、应纳增值税额 94 605 元。

（4）16 日，农药采购完毕，结转其销售成本。

（5）20 日，以银行存款支付农药的进口关税额和增值税额。

（6）21 日，收到泰安公司转来商检部门出具的商品检验证明书，证明伯明翰公司的农药有效成分不足，将会影响其使用效果。现向外商提出索赔，经协商后外商同意赔偿 3 920 英镑，当日英镑汇率卖出价为 13.54 元。

（7）23 日，向泰安公司开出红字专用发票，应退泰安公司货款 60 000 元，增值税额 10 200 元。

（8）24 日，向税务机关申请伯明翰公司退还因农药有效成分不足货款已交的进口关税额 2 650 元。

（9）27 日，收到伯明翰公司付来赔偿款 3 920 英镑，当日英镑汇率卖入价为 13.50 元，予以结汇。

（10）28 日，签发转账支票退还泰安公司货款和增值税额 70 200 元。

（11）30 日，收到税务机关退还因农药质量问题外商退款部分已交纳的进口关税额 2 650 元，增值税额 9 460.50 元，存入银行。

4. 资料：光明食品进口公司受理长江代理进口法国葡萄酒。2 月份发生下列有关的经济业务：

（1）1 日，收到长江烟酒公司预付代理进口葡萄酒款项 1 005 000 元，存入银行。

（2）10 日，购汇支付法国里昂公司葡萄酒的国外运费 1 068 欧元、保险费 132 欧元，当日欧元汇率卖出价为 9.40 元。

（3）16 日，收到银行转来法国里昂公司全套结算单据，开列葡萄酒 300 箱，每箱 200 欧元 FOB 价格，共计货款 60 000 欧元，佣金 1 200 欧元。经审核无误，扣除佣金后购汇支付货款，当日欧元卖出价为 9.40 元。

（4）16 日，按代理进口葡萄酒货款 CIF 的 2.5%向长江烟酒公司结算代理手续费，当日欧元汇率中间价为 9.38 元。

（5）24 日，法国葡萄酒运达我国口岸，向海关申报葡萄酒应纳进口关税 196 980 元、消费税 84 420 元、增值税 143 514 元。

（6）27 日，按代理进口葡萄酒手续费收入的 5%计提应交营业税。

（7）28 日，以银行存款支付代理进口葡萄酒的进口关税额、消费税额和增值税额。

（8）28 日，签发转账支票，将代理业务的余款退还长江烟酒公司。

要求：编制会计分录。

5. 计算分录题

资料：某企业为增值税的一般纳税人，自营出口货物的征税率为 17%，退税率为 13%。2005 年 10 月的有关经济业务如下：购进原材料一批，取得增值税专用发票注明的价款 200 万元，外购货物准予抵扣的进项税额 34 万元，货已经验收入库。当月进料加工免税进口材料的组成计税价格为 100 万元。上月末留抵税额为 17 万元。本月内销货物不含税销售额为 100 万元。本月出口货物的销售额折合人民币 200 万元。该企业实行"免抵退"核算。

参 考 文 献

丁元霖. 2006. 外贸会计. 上海：立信会计出版社.

傅自应. 2002. 外贸企业会计学. 北京：中国财政经济出版社.

纪洪天. 2006. 新编外贸会计. 上海：立信会计出版社.

张彦欣. 2005. 国际贸易操作实务. 北京：中国纺织出版社.

中国对外贸易经济合作企业协会. 2006. 外贸会计实务教程. 北京：科学技术文献出版社.

朱丽娟. 2005. 外贸会计教程. 北京：科学出版社.